国家基本职业培训包（指南包 课程包）

保育员

人力资源社会保障部职业能力建设司编制

中国劳动社会保障出版社

图书在版编目(CIP)数据

保育员 / 人力资源社会保障部职业能力建设司编制. -- 北京：中国劳动社会保障出版社，2021
国家基本职业培训包：指南包　课程包
ISBN 978-7-5167-3893-1

Ⅰ.①保…　Ⅱ.①人…　Ⅲ.①幼教人员－职业培训－教学参考资料　Ⅳ.①G615

中国版本图书馆 CIP 数据核字（2021）第 120046 号

中国劳动社会保障出版社出版发行

（北京市惠新东街 1 号　邮政编码：100029）

*

三河市华骏印务包装有限公司印刷装订　　新华书店经销

880 毫米 ×1230 毫米　16 开本　8.75 印张　156 千字

2021 年 8 月第 1 版　　2021 年 8 月第 1 次印刷

定价：28.00 元

读者服务部电话：（010）64929211/84209101/64921644

营销中心电话：（010）64962347

出版社网址：http://www.class.com.cn

编 制 说 明

为全面贯彻落实习近平总书记对技能人才工作的重要指示精神，进一步增强职业技能培训针对性和有效性，不断提高培训质量，培养壮大创新型、应用型、技能型人才队伍，按照《人力资源社会保障部办公厅关于推进职业培训包工作的通知》（人社厅发〔2016〕162号）的工作安排，我部持续组织开发培训需求量大的国家基本职业培训包，指导开发地方（行业）特色职业培训包，力争全面建立国家基本职业培训包制度，普遍应用职业培训包高质量开展各类职业培训。

职业培训包开发工作是新时期职业培训领域的一项重要基础性工作，旨在形成以综合职业能力培养为核心、以技能水平评价为导向，实现职业培训全过程管理的职业技能培训体系，这对于进一步提高培训质量，加强职业培训规范化、科学化管理，促进职业培训与就业需求的有效衔接，推行终身职业培训制度具有积极的作用。

国家基本职业培训包由指南包、课程包和资源包三个子包构成，是集培养目标、培训要求、培训内容、课程规范、考核大纲、教学资源等为一体的职业培训资源总和，是职业培训机构对劳动者开展政府补贴职业培训服务的工作规范和指南。

国家基本职业培训包遵循《职业培训包开发技术规程（试行）》的要求，依据国家职业技能标准和企业岗位技术规范，结合新经济、新产业、新职业发展编制，力求客观反映现阶段本职业（工种）的技术水平、对从业人员的要求和职业培训教学规律。

《国家基本职业培训包（指南包　课程包）——保育员》是在各有关专家的共同努力下完成的。参加编审的主要人员有王普华、商倩倩、曹冬、毛秀芹、池海、赵侠、张素晨、赵翠红、刘洁、李文静、李菲、鲁婷、熊鑫、王洁、马晓晖、吕玉华、左文慧、曾芳、孙艺铭、姜美杰、乔蕊、赵雨莘、于彤、齐若同、韩晓华、张静、张琳、韩霞、孙莎莎、刘子琪、刘蕙等，在编制过程中得到了山东师范大学、沈阳师范大学、常熟理工学院、潍坊工程职业学院、临沂市平邑县教育和体育局、山东省千佛山医院儿保科、山东省人民政府机关幼儿园、济南市历下区景城幼儿园、龙口市实验幼儿园、济南市历城区雅思托育教育咨询服务中心等有关单位的大力支持，在此一并致谢。

人力资源社会保障部职业能力建设司

目 录

1 指南包

2 课程包

1

指南包

1.1 职业培训包使用指南

1.1.1 职业培训包结构与内容

保育员职业培训包由指南包、课程包、资源包三个子包构成，结构如图 1 所示。

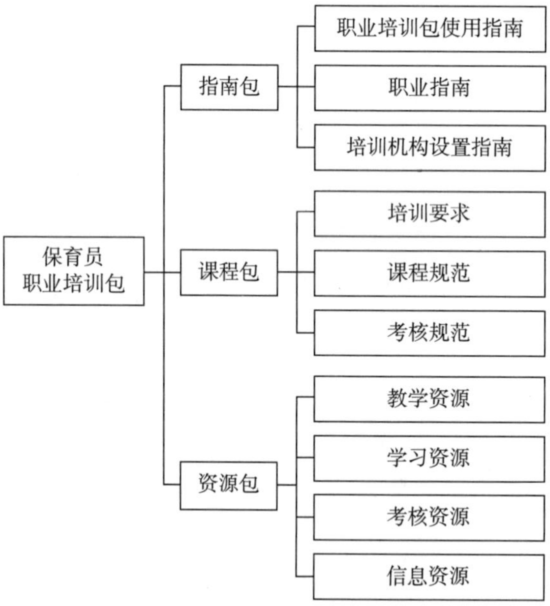

图 1　职业培训包结构图

指南包是指导培训机构、培训教师与学员开展职业培训的服务性内容总合，包括职业培训包使用指南、职业指南和培训机构设置指南。职业培训包使用指南是培训教师与学员了解职业培训包内容、选择培训课程、使用培训资源的说明性文本，职业指南是对职业信息的概述，培训机构设置指南是对培训机构开展职业培训提出的具体要求。

课程包是培训机构与教师实施职业培训、培训学员接受职业培训必须遵守的规范总合，包括培训要求、课程规范、考核规范。培训要求是参照国家职业技能标准、结合职业岗位工作实际需求制定的职业培训规范；课程规范是依据培训要求、结合职业培训教学规律，对课程设置、培训学时、课程内容与培训方法等所做的统一规定；考核规范是针对课程规范中所规定的课程内容开发的，能够科学评价培训学员过程性学习效果与终结性培训成果的规则，是客观衡量培训学员职业基本素质与职业技能水平的标准，也是实施职业培训过程性与终结性考核的依据。

资源包是依据课程包要求，基于培训学员特征，遵循职业培训教学规律，应用先进职业培训课程理念，开发的多媒介、多形式的职业培训与考核资源总合，包括教学资源、学习资源、考核资源和信息资源。教学资源是为培训教师组织实施职业培训教学活动提供的相关资源，学习资源是为培训学员学习职业培训课程提供的相关资源，考核资源是为培训机构和教师实施职业培训考核提供的相关资源，信息资源是为培训教师和学员拓宽视野提供的体现科技进步、职业发展的相关动态资源。

1.1.2 培训课程体系介绍

保育员职业培训课程体系依据职业技能等级分为职业基本素质培训课程、初级职业技能培训课程、中级职业技能培训课程和高级职业技能培训课程，每一类课程包含模块、课程和学习单元三个层级。保育员职业培训课程体系均源自本职业培训包课程包中的课程规范，以学习单元为基础，形成职业层次清晰、内容丰富的“培训课程超市”。

保育员职业培训课程学时分配一览表

职业技能等级	课堂学时		其他学时	培训总学时
	职业基本素质培训课程	职业技能培训课程		
五级 / 初级	50	80	20	150
四级 / 中级	40	80	20	140
三级 / 高级	30	80	20	130

注：课堂学时是指培训机构开展理论课程教学及实操课程教学的建议最低学时数，其中职业基本素质培训课程为理论知识培训课程，职业技能培训课程包括理论知识培训课程和操作技能培训课程。除课堂学时外，培训总学时还应包括岗位实习、现场观摩、自学自练等其他学时。

（1）职业基本素质培训课程

模块	课程	学习单元	课堂学时
1．职业认知与职业道德	1-1　职业认知	职业认知	1
	1-2　职业道德基本知识	道德与职业道德	1
	1-3　职业守则	保育员职业守则	1
2．婴幼儿生理、心理教育基本知识	2-1　婴幼儿生理学知识	（1）婴幼儿生理特点及保育	3
		（2）婴幼儿生长发育的规律及评价	1

续表

模块	课程	学习单元	课堂学时
2．婴幼儿生理、心理教育基本知识	2-2　婴幼儿卫生保健知识	（1）婴幼儿膳食卫生	1
		（2）托幼机构保教活动卫生	2
	2-3　婴幼儿心理学知识	（1）婴幼儿心理发展一般特点及保育	2
		（2）心理发育评价的方法	1
		（3）婴幼儿心理健康教育	1
		（4）婴幼儿常见心理卫生问题及保育	2
	2-4　婴幼儿教育学知识	（1）儿童发展观	1
		（2）学前教育的基本理念	1
		（3）游戏基础知识	1
		（4）家—园—社合作共育	1
3．婴幼儿常见病及常见传染病基础知识	3-1　婴幼儿常见病及其保健知识	（1）婴幼儿常见病的检查及预防	3
		（2）婴幼儿常见病的护理方法	1
		（3）常用婴幼儿急救方法	1
	3-2　婴幼儿常见传染病及其预防知识	（1）传染病基础知识	1
		（2）婴幼儿常见病毒性传染病及其预防	3
		（3）婴幼儿常见细菌性传染病及其预防	1
		（4）婴幼儿常见寄生虫病及其预防	1
4．婴幼儿安全知识	4-1　托幼机构伤害事故	（1）托幼机构常见伤害事故的类型	2
		（2）托幼机构伤害事故的特点及发生的原因	1
	4-2　婴幼儿伤害预防及紧急处理	婴幼儿伤害预防及紧急处理	2
5．婴幼儿营养学知识	5-1　婴幼儿的营养需要	（1）七大营养素基本知识	2
		（2）营养与婴幼儿发育	1
	5-2　婴幼儿常见营养问题及合理膳食	婴幼儿常见营养问题及合理膳食	2

续表

模块	课程	学习单元	课堂学时
6．婴幼儿发育行为知识	6-1　婴幼儿发育行为基础知识	婴幼儿发育行为及量表评定	1
	6-2　婴幼儿发育行为障碍	婴幼儿发育行为障碍及患儿保育	2
7．相关环境知识	7-1　托幼机构的环境及其利用知识	托幼机构的环境及其利用	2
	7-2　班级环境及其利用知识	班级环境创设	1
8．相关法律、法规知识	8-1　相关法律知识	相关法律知识	1
	8-2　相关法规知识	相关法规知识	2
课堂学时合计			50

注：本表所列为五级 / 初级职业基本素质培训课程，其他等级职业基本素质培训课程按“保育员职业培训课程学时分配一览表”中相应的课堂学时要求进行必要的调整。

（2）五级 / 初级职业技能培训课程

模块	课程	学习单元	课堂学时
1．卫生管理与教育	1-1　清洁	（1）清洁卫生知识	2
		（2）婴幼儿活动场所的清洁	2
		（3）各类设施、用具、玩 / 教具的清洁	1
		（4）日常用品的清洁、整理与分类摆放	1
		（5）开窗通风的时间及操作要求	1
		（6）指导婴幼儿养成良好的卫生习惯	1
	1-2　消毒	（1）消毒知识	1
		（2）婴幼儿活动场所及各类设施、用具和玩 / 教具的消毒	2
		（3）配制常用消毒液	1
	1-3　物品管理	（1）班级的物品管理	1
		（2）清洁、消毒用品使用过程中的安全隐患及排除	2

续表

模块	课程	学习单元	课堂学时
2．生活管理与指导	2–1　进餐管理与指导	（1）控制饭菜的温度	1
		（2）餐具分发及进餐中的自理能力培养	2
		（3）根据需要分发、添加饭菜	3
		（4）指导婴幼儿养成良好的进餐习惯	3
		（5）指导婴幼儿饭后漱口、正确使用餐巾	1
	2–2　饮水管理与指导	（1）饮水设备的清洁与消毒	1
		（2）根据具体情况提供温度适宜的饮用水	2
		（3）指导婴幼儿养成良好的饮水习惯	2
	2–3　盥洗、如厕管理与指导	（1）组织婴幼儿盥洗，培养盥洗习惯	2
		（2）指导婴幼儿大小便与便后清洁	2
		（3）及时提醒婴幼儿大小便	1
	2–4　睡眠照料	（1）为婴幼儿营造良好、安全的睡眠环境	3
		（2）帮助婴幼儿穿脱衣服、鞋子，晾被、叠被、整理铺床	2
		（3）婴幼儿睡眠护理	1
		（4）指导婴幼儿养成良好的睡眠习惯	2
	2–5　物品管理	（1）班级设施、设备、用具管理	2
		（2）及时发现并处理生活物品使用过程中的不安全因素	2
3．健康管理与教育	3–1　健康观察	（1）协助教师进行晨、午、晚检	2
		（2）婴幼儿健康状况全日观察	3

续表

模块	课程	学习单元	课堂学时
3．健康管理与教育	3-2　体格检查	（1）配合教师和保健医（员）为婴幼儿定期体检	2
		（2）“三浴”锻炼	2
	3-3　情绪管理	（1）婴幼儿心理环境营造及心理保健知识	3
		（2）不同场景下婴幼儿愉快的健康心理环境营造	2
		（3）婴幼儿个别心理需求和感受的识别与满足	2
		（4）帮助婴幼儿进行简单情绪管理	2
4．辅助教育活动与家长工作	4-1　辅助室内教育活动	（1）室内活动前的准备、活动中的配合及活动后的整理	3
		（2）婴幼儿不良姿势的纠正	1
		（3）室内活动场地安全隐患排除	2
	4-2　辅助室外教育活动	（1）室外活动准备及收尾整理	3
		（2）提醒婴幼儿增减衣服	1
		（3）室外活动中婴幼儿危险行为的发现及制止	1
	4-3　家长工作指导	（1）与家长沟通的方式、方法及技巧	2
		（2）正面、积极评价和描述婴幼儿的表现	2
课堂学时合计			80

（3）四级 / 中级职业技能培训课程

模块	课程	学习单元	课堂学时
1．卫生管理与教育	1-1　清洁	（1）常用的通风方式	1
		（2）不同情况下的通风	1
		（3）特殊情况的清洁	3
		（4）装修房屋启用后的清洁	2
		（5）特殊天气下的室内清洁	2

续表

模块	课程	学习单元	课堂学时
1．卫生管理与教育	1-2　消毒	（1）消毒方法与药品的选择	2
		（2）消毒的一般操作程序	2
		（3）婴幼儿常见传染病的特征及消毒	2
	1-3　资产管理	（1）常见的卫生设施、设备及登记	1
		（2）科学管理设备资产	1
2．生活管理与教育	2-1　进餐、饮水管理与指导	（1）引导婴幼儿不挑食、不偏食	2
		（2）指导幼儿独立进餐	2
		（3）指导幼儿自主进餐	2
		（4）引导婴幼儿养成良好的饮水习惯	1
	2-2　盥洗、如厕管理与指导	（1）婴幼儿盥洗、如厕、漱口过程中的常见问题及处理	2
		（2）指导婴幼儿正确盥洗及整理衣物	2
	2-3　睡眠照料	（1）指导婴幼儿独立就寝	2
		（2）指导婴幼儿进行就寝前后的整理	2
		（3）婴幼儿遗尿的预防及处理	2
3．健康管理与教育	3-1　健康观察	（1）婴幼儿健康指标及健康检查制度	2
		（2）观察与护理生病的婴幼儿	2
		（3）常见传染病患儿的发现、登记与隔离	2
		（4）预防接种后的婴幼儿护理	2
	3-2　体格检查	（1）婴幼儿体格发育监测	2
		（2）发育迟缓儿的过程管理	1
		（3）婴幼儿体弱的成因、危害及改善措施	2

续表

模块	课程	学习单元	课堂学时
3．健康管理与教育	3-3　行为观察与情绪管理	（1）婴幼儿发育行为知识	1
		（2）儿童发育行为异常的表现、成因及登记	2
		（3）理解并帮助婴幼儿克服轻微的异常行为	2
		（4）积极关注和情感支持	2
		（5）鼓励幼儿表达情绪	2
		（6）鼓励幼儿分享情感	2
4．辅助教育活动与家长工作	4-1　辅助室内教育活动	（1）常见游戏的分类、活动内容及组织	2
		（2）参与游戏的教学组织	1
		（3）协助教师进行环境创设	2
		（4）婴幼儿多动的成因、危害及正确引导	2
		（5）婴幼儿胆怯的成因、危害及正确引导	2
	4-2　辅助室外教育活动	（1）协助教师进行室外体操游戏活动	2
		（2）协助教师进行室外体育游戏活动	2
		（3）照顾体弱儿参与室外活动	1
		（4）照顾肥胖儿参与室外活动	2
		（5）室外活动中婴幼儿不安全行为的观察及干预	2
	4-3　家长工作指导	（1）依据保育工作记录与家长沟通交流	2
		（2）协助教师组织家园共育活动	2
课堂学时合计			80

（4）三级 / 高级职业技能培训课程

模块	课程	学习单元	课堂学时
1．卫生管理与教育	1-1 卫生管理	（1）参与卫生清洁制度的制定、修订并提出合理化建议	2
		（2）环境中可能危害婴幼儿健康的因素识别	2
		（3）运用体验式教育培养幼儿的良好卫生习惯	2
	1-2 消毒管理	（1）常见传染病的终末消毒	2
		（2）发现传染病患儿后的紧急处理	1
	1-3 人员管理	（1）一日保育工作流程管理	1
		（2）保育工作教研	1
		（3）解决保育工作中出现的常见问题	1
2．生活管理与教育	2-1 进餐指导	（1）体弱儿及需要特殊照料期婴幼儿进餐活动的个别指导	3
		（2）不同季节的饮食教育	2
	2-2 盥洗、如厕管理	（1）观察、发现及处理婴幼儿大、小便的异常	3
		（2）盥洗、如厕问题的应急处理	2
	2-3 睡眠观察	（1）发现、判断及处理睡眠过程中婴幼儿的身体异常	2
		（2）发现、判断及处理睡眠过程中婴幼儿的行为异常	3
		（3）睡眠观察记录及其运用	1
3．健康管理与教育	3-1 预防伤害	（1）安全隐患的排查、发现及消除	3
		（2）婴幼儿常见意外伤害事故处理	4
	3-2 健康观察	（1）对健康观察提出建议和方案	1
		（2）对常见病患儿的身体处理和心理疏导	3

续表

模块	课程	学习单元	课堂学时
3．健康管理与教育	3–3 健康指导	（1）婴幼儿定期体检结果的分析、评价及在健康指导中的运用	2
		（2）对体弱儿家长的健康管理指导	1
		（3）婴幼儿视力、听力、牙齿的保健、问题登记及配合矫治	2
	3–4 行为干预	（1）对发育行为异常婴幼儿的初步干预	1
		（2）对心理行为异常婴幼儿的干预及家长沟通	2
		（3）在保育过程中积极正面引导并帮助幼儿增强自信	2
4．辅助教育活动与家长工作	4–1 辅助室内教育活动	（1）了解教师的教育计划	2
		（2）配合教师进行室内教育活动	2
		（3）辅助教师组织游戏和教育活动	2
		（4）婴幼儿发展规律在教育教学中的应用	2
		（5）协助教师进行玩具、教具制作	4
	4–2 辅助室外教育活动	（1）参与组织婴幼儿室外教育活动	2
		（2）根据婴幼儿个体差异进行室外教育活动指导	2
	4–3 家长工作指导	（1）为家长提供婴幼儿科学保育的咨询与家庭指导	2
		（2）为家长提供婴幼儿早期发展的咨询与家庭指导	1
		（3）运用个案跟踪记录开展家长工作	1

续表

模块	课程	学习单元	课堂学时
5．培训与指导	5–1　技能培训	（1）培训的设计和组织	2
		（2）室内、外清洁和日常消毒的技能培训	1
		（3）健康观察、健康指导、心理健康教育、意外伤害处理等技能培训	2
		（4）辅助室内外教育活动、家长工作指导等配合教育的技能培训	1
	5–2　工作指导	（1）指导日常工作并辅助解决出现的各类问题	2
		（2）纠正在促进婴幼儿发展工作中出现的不适宜行为	1
		（3）指导婴幼儿家长进行个性化的保育保健	1
		（4）开展保育保健科普知识讲座	1
课堂学时合计			80

1.1.3　培训课程选择指导

职业基本素质培训课程为必修课程，相当于本职业的入门课程。各级别职业技能培训课程由培训机构教师根据培训学员实际情况，遵循高级别涵盖低级别的原则进行选择。

原则上，初入职的培训学员应学习职业基本素质培训课程和初级职业技能培训课程的全部内容，有职业技能等级提升需求的培训学员，可按照《国家职业技能标准》的“鉴定要求”，对照自身需求选择更高等级的培训课程。

具有一定从业经验、无职业技能等级晋升要求的培训学员，可根据自身实际情况自主选择本职业培训课程。具体方法为：（1）选择课程模块；（2）在模块中筛选课程；（3）在课程中筛选学习单元；（4）组合成本次培训的整个课程。

培训教师可以根据以上方法对培训学员进行单独指导。对于订单培训，培训教师可以按照如上方法，对照订单要求进行培训课程的选择。

1.2 职 业 指 南

1.2.1 职业描述

保育员是在托幼园所、社会福利及其他保育机构中，从事儿童基本生活照料、保健、自理能力培养和辅助教育工作的人员。

1.2.2 职业培训对象

参加保育员职业培训的人群主要包括：城乡未继续升学的应届初高中毕业生、农村转移就业劳动者、城镇登记失业人员、转岗转业人员、退役军人、企业在职职工和高校毕业生，以及其他各类有培训需求的人员。

1.2.3 就业前景

保育员可以在托幼园所、社会福利及其他保育机构中，从事儿童基本生活照料、保健、自理能力培养和辅助教育等岗位工作，也可以从事相关专业的培训工作。

1.3 培训机构设置指南

1.3.1 师资配备要求

（1）培训教师任职基本条件

培训初级、中级、高级保育员的教师应具有本职业高级职业资格证书（技能等级证书）3 年以上或相关专业（普通高校本科专业目录 2012 版：学前教育、特殊教育、家政学、基础医学、预防医学、护理学）中级及以上专业技术职务任职资格。

（2）培训教师数量要求（以 20 人教学班为基准）

1）理论课教师：1 人以上；培训规模超过 20 人的，按教师与学员之比不低于 1：20 配备教师。

2）实习指导教师：1 人以上；培训规模超过 20 人的，按教师与学员之比不低于 1∶20 配备教师。

1.3.2　培训场所设备配置要求

培训场所设备配置要求如下（以 20 人教学班为基准）。

（1）理论知识培训场所设备配置要求：60～100 平方米标准教室，多媒体教学设备（计算机、投影仪、幕布或显示屏、网络接入设备、音响设备）、黑板、20 套以上桌椅，符合照明、通风、安全等相关规定。

（2）操作技能培训场所设备配置要求：100～200 平方米的场地，具有必要的清洁消毒用具、流动水源，婴幼儿模型，婴幼儿喂养、睡眠、盥洗、就餐、饮水、活动等用具，玩 / 教具、图书等，室内卫生、通风条件良好，光线充足，设施安全。

具体配置要求如下（按标准教学班 20 人配备）：

五级 / 初级操作技能培训设备器材配置要求

<table>
<tr><td rowspan="20">硬件设备</td><td colspan="3">类别</td><td>名称</td><td>数量</td></tr>
<tr><td colspan="3">1．基础类</td><td>婴幼儿软体模型</td><td>20 具</td></tr>
<tr><td colspan="3" rowspan="4">2．展示类</td><td>（1）消毒柜</td><td>1 台</td></tr>
<tr><td>（2）紫外线消毒灯</td><td>1 盏</td></tr>
<tr><td>（3）蒸车</td><td>1 台</td></tr>
<tr><td>（4）绘本架</td><td>1 具</td></tr>
<tr><td rowspan="14">3．实际训练类</td><td rowspan="8">3.1　卫生管理</td><td rowspan="7">3.1.1　清洁教具</td><td>（1）拖把</td><td>40 把</td></tr>
<tr><td>（2）水盆</td><td>20 个</td></tr>
<tr><td>（3）水桶</td><td>20 只</td></tr>
<tr><td>（4）抹布</td><td>40 条</td></tr>
<tr><td>（5）鸡毛掸子</td><td>20 把</td></tr>
<tr><td>（6）刷子</td><td>20 把</td></tr>
<tr><td>（7）橡胶手套</td><td>20 副</td></tr>
<tr><td>3.1.2　消毒教具</td><td>喷壶</td><td>20 把</td></tr>
<tr><td rowspan="6">3.2　生活管理</td><td rowspan="6">3.2.1　进餐教具</td><td>（1）提饭桶</td><td>20 只</td></tr>
<tr><td>（2）饭勺</td><td>20 把</td></tr>
<tr><td>（3）饭夹</td><td>20 把</td></tr>
<tr><td>（4）棉布垫</td><td>20 个</td></tr>
<tr><td>（5）防蝇罩</td><td>20 个</td></tr>
<tr><td>（6）餐具</td><td>20 套</td></tr>
</table>

续表

	类别			名称	数量
硬件设备	3．实际训练类	3.2 生活管理	3.2.2 饮水教具	（1）水杯	20 只
				（2）保温桶 / 饮水机 / 直饮水机	三选一或均备齐
			3.2.3 盥洗、如厕教具	婴幼儿毛巾	20 条
			3.2.4 睡眠照料教具	（1）床	1 张
				（2）被褥	1 套
				（3）婴幼儿衣裤、鞋袜	20 套
		3.3 健康管理	3.3.1 健康观察教具	（1）压舌板	20 支
				（2）体温计	20 支
			3.3.2 体格检查教具	（1）软尺	20 条
				（2）身高体重计	1 台
		3.4 辅助教育	3.4.1 室内教育活动教具	（1）雪花片	1 桶
				（2）积木	1 桶
			3.4.2 室外教育活动教具	（1）呼啦圈	20 个
				（2）轮胎	20 条
				（3）彩虹伞	1 把
				（4）跳跳袋	20 只
基础耗材	1．卫生用品			（1）棉签	20 盒
				（2）酒精（75%）	20 瓶
				（3）84 消毒液	20 瓶
				（4）洗涤剂	20 瓶
				（5）去污粉	20 包
				（6）垃圾袋	20 只
	2．婴幼儿保健及护理用品			（1）肥皂 / 洗手液	20 块 / 瓶
				（2）碘伏	20 瓶
				（3）润肤油	20 瓶
				（4）抽纸	20 包
	3．教育用具			（1）蜡笔	20 盒
				（2）彩笔	20 盒
				（3）彩泥	20 盒
				（4）绘本	20 本
				（5）彩纸	20 张
				（6）绘图纸	20 张

续表

	类别	名称	数量
其他用品和材料	其他用品和材料	(1) 保育员工作服	20 套
		(2) 教师操作台	1 张
		(3) 学员操作台（可容纳 20 人）	1 张
		(4) 婴幼儿用品展柜	1 台

四级／中级操作技能培训设备器材配置要求

	类别			名称	数量
硬件设备	1．基础类			婴幼儿软体模型	20 具
	2．展示类			(1) 消毒柜	1 台
				(2) 紫外线消毒灯	1 盏
				(3) 蒸车	1 台
				(4) 绘本架	1 具
	3．实际训练类	3.1 卫生管理	3.1.1 清洁教具	(1) 拖把	40 把
				(2) 水盆	20 个
				(3) 水桶	20 只
				(4) 抹布	40 条
				(5) 鸡毛掸子	20 把
				(6) 刷子	20 把
				(7) 橡胶手套	20 副
			3.1.2 消毒教具	喷壶	20 把
		3.2 生活管理	3.2.1 进餐教具	(1) 提饭桶	20 只
				(2) 饭勺	20 把
				(3) 饭夹	20 把
				(4) 棉布垫	20 个
				(5) 防蝇罩	20 个
				(6) 餐具	20 套
			3.2.2 饮水教具	(1) 水杯	20 只
				(2) 保温桶 / 饮水机 / 直饮水机	三选一或均备齐
			3.2.3 盥洗、如厕教具	婴幼儿毛巾	20 条

续表

	类别			名称	数量
硬件设备	3．实际训练类	3.2　生活管理	3.2.4　睡眠照料教具	（1）床	1 张
				（2）被褥	1 套
				（3）婴幼儿衣裤、鞋袜	20 套
		3.3　健康管理	3.3.1　健康观察教具	（1）压舌板	20 支
				（2）体温计	20 支
			3.3.2　体格检查教具	（1）软尺	20 条
				（2）身高体重计	1 台
				（3）体格发育曲线图	20 张
				（4）体弱儿登记册	20 本
		3.4　辅助教育	3.4.1　室内教育活动教具	（1）雪花片	1 桶
				（2）积木	1 桶
			3.4.2　室外教育活动教具	（1）呼啦圈	20 个
				（2）轮胎	20 条
				（3）彩虹伞	1 把
				（4）跳跳袋	20 只
			3.4.3　家长工作指导用品	保育工作记录册	20 本
基础耗材	1．卫生用品			（1）棉签	20 盒
				（2）酒精（75%）	20 瓶
				（3）84 消毒液	20 瓶
				（4）洗涤剂	20 瓶
				（5）去污粉	20 包
				（6）垃圾袋	20 只
	2．婴幼儿保健及护理用品			（1）肥皂 / 洗手液	20 块 / 瓶
				（2）碘伏	20 瓶
				（3）润肤油	20 瓶
				（4）抽纸	20 包
	3．教育用具			（1）蜡笔	20 盒
				（2）彩笔	20 盒
				（3）彩泥	20 盒
				（4）绘本	20 本

续表

	类别	名称	数量
基础耗材	3．教育用具	（5）彩纸	20 张
		（6）绘图纸	20 张
其他用品和材料	其他用品和材料	（1）保育员工作服	20 套
		（2）教师操作台	1 张
		（3）学员操作台（可容纳 20 人）	1 张
		（4）婴幼儿用品展柜	1 台

三级／高级操作技能培训设备器材配置要求

	类别			名称	数量
硬件设备	1．基础类			婴幼儿软体模型	20 具
	2．展示类			（1）消毒柜	1 台
				（2）紫外线消毒灯	1 盏
				（3）蒸车	1 台
				（4）绘本架	1 具
	3．实际训练类	3.1 卫生管理	3.1.1 清洁教具	（1）拖把	40 把
				（2）水盆	20 个
				（3）水桶	20 只
				（4）抹布	40 条
				（5）鸡毛掸子	20 把
				（6）刷子	20 把
				（7）橡胶手套	20 副
				（8）清洁制度（镜框）	20 幅
			3.1.2 消毒教具	喷壶	20 把
		3.2 生活管理	3.2.1 进餐教具	（1）提饭桶	20 只
				（2）饭勺	20 把
				（3）饭夹	20 把
				（4）棉布垫	20 个
				（5）防蝇罩	20 个
				（6）餐具	20 套
			3.2.2 饮水教具	（1）水杯	20 只
				（2）保温桶 / 饮水机 / 直饮水机	三选一或均备齐

续表

<table>
<tr><th></th><th colspan="3">类别</th><th>名称</th><th>数量</th></tr>
<tr><td rowspan="25">硬件设备</td><td rowspan="25">3．实际训练类</td><td rowspan="5">3.2　生活管理</td><td>3.2.3　盥洗、如厕教具</td><td>婴幼儿毛巾</td><td>20 条</td></tr>
<tr><td rowspan="4">3.2.4　睡眠观察教具</td><td>（1）床</td><td>1 张</td></tr>
<tr><td>（2）被褥</td><td>1 套</td></tr>
<tr><td>（3）婴幼儿衣裤鞋袜</td><td>20 套</td></tr>
<tr><td>（4）睡眠观察记录表</td><td>20 张</td></tr>
<tr><td rowspan="8">3.3　健康管理</td><td rowspan="2">3.3.1　健康观察教具</td><td>（1）压舌板</td><td>20 支</td></tr>
<tr><td>（2）体温计</td><td>20 支</td></tr>
<tr><td rowspan="6">3.3.2　健康指导教具</td><td>（1）软尺</td><td>20 条</td></tr>
<tr><td>（2）身高体重计</td><td>1 台</td></tr>
<tr><td>（3）体格发育曲线图</td><td>20 张</td></tr>
<tr><td>（4）体弱儿登记册</td><td>20 本</td></tr>
<tr><td>（5）视力表</td><td>1 张</td></tr>
<tr><td>（6）牙齿模具</td><td>1 套</td></tr>
<tr><td rowspan="8">3.4　辅助教育</td><td rowspan="2">3.4.1　室内教育活动教具</td><td>（1）雪花片</td><td>1 桶</td></tr>
<tr><td>（2）积木</td><td>1 桶</td></tr>
<tr><td rowspan="4">3.4.2　室外教育活动教具</td><td>（1）呼啦圈</td><td>20 个</td></tr>
<tr><td>（2）轮胎</td><td>20 条</td></tr>
<tr><td>（3）彩虹伞</td><td>1 把</td></tr>
<tr><td>（4）跳跳袋</td><td>20 只</td></tr>
<tr><td rowspan="2">3.4.3　家长工作指导用品</td><td>（1）个案记录表</td><td>20 张</td></tr>
<tr><td>（2）保育工作记录册</td><td>20 本</td></tr>
<tr><td rowspan="2">3.5　培训与指导</td><td rowspan="2">技能培训教具</td><td>（1）培训计划范例</td><td>20 个</td></tr>
<tr><td>（2）培训课程设计范例</td><td>20 个</td></tr>
<tr><td rowspan="10">基础耗材</td><td colspan="3" rowspan="6">1．卫生用品</td><td>（1）棉签</td><td>20 盒</td></tr>
<tr><td>（2）酒精（75%）</td><td>20 瓶</td></tr>
<tr><td>（3）84 消毒液</td><td>20 瓶</td></tr>
<tr><td>（4）洗涤剂</td><td>20 瓶</td></tr>
<tr><td>（5）去污粉</td><td>20 包</td></tr>
<tr><td>（6）垃圾袋</td><td>20 个</td></tr>
<tr><td colspan="3" rowspan="4">2．婴幼儿保健及护理用品</td><td>（1）肥皂 / 洗手液</td><td>20 块 / 瓶</td></tr>
<tr><td>（2）碘伏</td><td>20 瓶</td></tr>
<tr><td>（3）润肤油</td><td>20 瓶</td></tr>
<tr><td>（4）抽纸</td><td>20 包</td></tr>
</table>

续表

	类别	名称	数量
基础耗材	3．教育用具	（1）蜡笔	20 盒
		（2）彩笔	20 盒
		（3）彩泥	20 盒
		（4）绘本	20 本
		（5）彩纸	20 张
		（6）绘图纸	20 张
其他用品和材料	其他用品和材料	（1）保育员工作服	20 套
		（2）教师操作台	1 张
		（3）学员操作台（可容纳 20 人）	1 张
		（4）婴幼儿用品展柜	1 台

1.3.3 教学资料配备要求

（1）培训规范：《保育员国家职业技能标准》《保育员职业基本素质培训要求》《保育员职业技能培训要求》《保育员职业基本素质培训课程规范》《保育员职业技能培训课程规范》《保育员职业基本素质培训考核规范》《保育员职业技能培训理论知识考核规范》《保育员职业技能培训操作技能考核规范》。

（2）教学资源：教材教辅、网络资源等内容必须符合“（1）培训规范”的要求。

1.3.4 管理人员配备要求

（1）专职校长：1 人，应具有大专及以上文化程度、中级及以上专业技术职务任职资格，从事职业技术教育及教学管理 5 年以上，熟悉职业培训的有关法律法规。

（2）教学管理人员：1 人以上，专职不少于 1 人；应具有大专及以上文化程度、中级及以上专业技术职务任职资格，从事职业技术教育及教学管理 5 年以上，具有丰富的教学管理经验。

（3）教务管理人员：1 人以上，应具有大专及以上文化程度。

（4）财务管理人员：2 人，应具有大专及以上文化程度。

1.3.5 管理制度要求

应建立健全完备的管理制度，包括办学章程与发展规划、教学管理、教师管理、学员管理、财务管理、设备管理、安全管理等制度。

2

课程包

2.1 培训要求

2.1.1 职业基本素质培训要求

职业基本素质模块	培训内容	培训细目
1．职业认知与职业道德	1-1 职业认知	（1）保育员职业简介 （2）保育员的工作内容 （3）保育员的基本素养
	1-2 职业道德基本知识	（1）“四德”建设的主要内容 （2）社会主义核心价值观 （3）职业道德修养 （4）保育员职业道德规范
	1-3 职业守则	保育员职业守则
2．婴幼儿生理、心理教育基本知识	2-1 婴幼儿生理学知识	（1）婴幼儿生理特点 （2）婴幼儿生理保育要点 （3）婴幼儿生长发育的规律 （4）婴幼儿生长发育的评价
	2-2 婴幼儿卫生保健知识	（1）婴幼儿膳食卫生 （2）合理安排保教活动 （3）托幼机构保教活动卫生
	2-3 婴幼儿心理学知识	（1）婴幼儿心理发展特点 （2）心理发育评价的方法 （3）婴幼儿的心理健康教育 （4）婴幼儿常见心理卫生问题及保育
	2-4 婴幼儿教育学知识	（1）儿童发展观 （2）学前教育的基本理念 （3）游戏基础知识 （4）家—园—社合作共育
3．婴幼儿常见病及常见传染病基础知识	3-1 婴幼儿常见病及其保健知识	（1）婴幼儿常见病的检查及预防 （2）婴幼儿常见病的护理方法 （3）常用婴幼儿急救方法
	3-2 婴幼儿常见传染病及其预防知识	（1）传染病基础知识 （2）婴幼儿常见病毒性传染病及其预防 （3）婴幼儿常见细菌性传染病及其预防 （4）婴幼儿常见寄生虫病及其预防

续表

职业基本素质模块	培训内容	培训细目
4．婴幼儿安全知识	4-1　托幼机构伤害事故	（1）托幼机构常见伤害事故的类型 （2）托幼机构伤害事故的特点 （3）托幼机构伤害事故发生的原因
	4-2　婴幼儿伤害预防及紧急处理	（1）婴幼儿常见伤害事故 （2）婴幼儿伤害预防 （3）婴幼儿伤害的紧急处理
5．婴幼儿营养学知识	5-1　婴幼儿的营养需要	（1）七大营养素基本知识 （2）营养与婴幼儿发育
	5-2　婴幼儿常见营养问题及合理膳食	（1）婴幼儿常见营养问题 （2）婴儿的合理膳食 （3）幼儿的合理膳食
6．婴幼儿发育行为知识	6-1　婴幼儿发育行为基础知识	（1）婴幼儿发育行为概述 （2）婴幼儿发育行为量表评定
	6-2　婴幼儿发育行为障碍	（1）婴幼儿发育行为障碍的特点 （2）发育行为障碍患儿的保育
7．相关环境知识	7-1　托幼机构的环境及其利用知识	（1）托幼机构环境的特点 （2）托幼机构环境创设的原则和要求 （3）托幼机构环境创设的过程及误区
	7-2　班级环境及其利用知识	（1）班级物质环境的创设 （2）班级精神环境的创设
8．相关法律、法规知识	8-1　相关法律知识	（1）《中华人民共和国未成年人保护法》相关知识 （2）《中华人民共和国教育法》相关知识 （3）《中华人民共和国劳动法》相关知识
	8-2　相关法规知识	（1）《幼儿园教育指导纲要（试行）》相关知识 （2）《幼儿园工作规程》相关知识 （3）《幼儿园饮食卫生条例》相关知识 （4）《幼儿教师专业标准》相关知识 （5）《托儿所、幼儿园卫生保健管理办法》相关知识 （6）《托儿所、幼儿园卫生保健工作规范》相关知识 （7）《3～6岁儿童学习与发展指南》相关知识 （8）《全国家庭教育指导大纲》相关知识

2.1.2 五级 / 初级职业技能培训要求

职业功能模块	培训内容	技能目标	培训细目
1．卫生管理与教育	1-1 清洁	1-1-1 能按程序清洁婴幼儿活动场所及各类设施、用具、玩具，保持室内无污垢、无异味、无蚊蝇，地面干燥、洁净	（1）清洁婴幼儿活动场所 （2）清洁各类设施、用具、玩 / 教具 （3）防治“四害”
		1-1-2 能清洁、整理、分类摆放日常用品，使其井然有序	（1）日常用品的清洁 （2）日常用品的整理 （3）日常用品的分类摆放
		1-1-3 能按时、按要求开窗通风	（1）按时开窗通风 （2）按要求开窗通风
		1-1-4 能在婴幼儿一日生活中指导婴幼儿正确洗手、洗脸、漱口和擦鼻涕，帮助其养成良好习惯	（1）指导婴幼儿正确洗手、洗脸、漱口、擤鼻涕 （2）指导婴幼儿养成良好的卫生习惯
	1-2 消毒	1-2-1 能对婴幼儿活动场所及各类设施、用具和玩具进行消毒并做好消毒记录	（1）婴幼儿活动场所消毒 （2）各类设施、用具和玩 / 教具消毒 （3）做好消毒记录
		1-2-2 能配制常用消毒液	配制常用消毒液
	1-3 物品管理	1-3-1 能保管班级的卫生消毒用品、清洁工具及危险品	（1）保管班级的卫生消毒用品 （2）保管班级的清洁工具 （3）保管班级的危险品
		1-3-2 能发现物品使用过程中的不安全因素，并及时处理	（1）发现物品使用过程中的不安全因素 （2）及时处理物品使用过程中的不安全因素
2．生活管理与指导	2-1 进餐管理与指导	2-1-1 能保证饭菜的温度适宜	控制饭菜的温度
		2-1-2 能按照婴幼儿不同年龄要求分发餐具	按照婴幼儿年龄要求分发餐具
		2-1-3 能根据婴幼儿的个别需要分发、添加饭菜	（1）根据婴幼儿的个别需要分发饭菜 （2）根据婴幼儿的个别需要添加饭菜

续表

职业功能模块	培训内容	技能目标	培训细目
2．生活管理与指导	2-1　进餐管理与指导	2-1-4　能指导婴幼儿正确进餐	（1）指导婴幼儿养成正确的进餐姿势 （2）指导婴幼儿正确使用餐具 （3）指导婴幼儿定时定量用餐 （4）指导婴幼儿不偏食、不挑食 （5）指导婴幼儿保持良好的进餐卫生 （6）指导婴幼儿专心、文明进餐
		2-1-5　能指导幼儿饭后漱口、正确使用餐巾	（1）指导幼儿饭后漱口 （2）指导幼儿正确使用餐巾
	2-2　饮水管理与指导	2-2-1　能按要求清洗饮水设备	清洗饮水设备
		2-2-2　能根据婴幼儿的活动量、天气、饮食等情况提供温度适宜的饮水	（1）根据婴幼儿的活动量变化提供饮用水 （2）根据天气情况提供饮用水 （3）根据饮食情况提供饮用水 （4）控制水温
		2-2-3　能指导婴幼儿饮水，帮助其养成良好的饮水习惯	（1）指导婴幼儿定时饮水 （2）指导婴幼儿不定时饮水 （3）指导婴幼儿养成喝温开水的习惯
	2-3　盥洗、如厕管理与指导	2-3-1　能指导婴幼儿正确盥洗	（1）组织婴幼儿盥洗 （2）指导婴幼正确盥洗
		2-3-2　能指导婴幼儿独立、安全使用蹲便器、完成排便及便后清洁	（1）指导婴幼儿独立、安全使用蹲便器 （2）婴幼儿小便指导与训练 （3）婴幼儿大便指导与训练 （4）婴幼儿两便清洁
		2-3-3　能及时提醒婴幼儿如厕	（1）及时提醒婴幼儿小便 （2）及时提醒婴幼儿大便
	2-4　睡眠照料	2-4-1　能为婴幼儿营造良好、安全的睡眠环境	（1）为婴幼儿准备睡眠室、寝具 （2）睡眠物质环境创设 （3）睡眠心理环境创设

续表

职业功能模块	培训内容	技能目标	培训细目
2．生活管理与指导	2-4　睡眠照料	2-4-2　能帮助婴幼儿穿脱衣服、鞋子，晾被、叠被、整理铺床	（1）帮助婴幼儿穿脱衣服、鞋子 （2）帮助婴幼儿晾晒被褥 （3）帮助婴幼儿叠被、整理铺床
		2-4-3　能做好婴幼儿的睡眠护理，如纠正不良睡姿等	照护婴幼儿安全睡眠
		2-4-4　能指导婴幼儿养成良好的睡眠习惯	指导婴幼儿养成良好的睡眠习惯
	2-5　物品管理	2-5-1　能保管好班级的设备、用具，做到不丢失、不损坏	（1）保管班级设施、设备 （2）保管玩具、教具和图书 （3）保管婴幼儿个人物品
		2-5-2　能发现物品使用过程中的不安全因素并及时处理	（1）发现物品使用过程中的不安全因素 （2）处理物品使用过程中的不安全因素
3．健康管理与教育	3-1　健康观察	3-1-1　能协助教师进行晨、午、晚检并做好登记工作	（1）协助教师晨检 （2）协助教师午检 （3）协助教师晚检
		3-1-2　能结合婴幼儿精神、情绪、饮食、睡眠、大小便和体温等，对婴幼儿健康状况进行全日观察	婴幼儿健康状况全日观察
	3-2　体格检查	3-2-1　能配合教师和保健医（员）对婴幼儿进行定期体检	配合教师和保健医（员）为婴幼儿定期体检
		3-2-2　能对婴幼儿进行水浴、空气浴、日光浴“三浴”锻炼	（1）婴幼儿水浴锻炼 （2）婴幼儿空气浴锻炼 （3）婴幼儿日光浴锻炼
	3-3　情绪管理	3-3-1　能营造不同场景下婴幼儿愉快的健康心理环境	（1）入睡前婴幼儿愉快的健康心理环境营造 （2）就餐时婴幼儿愉快的健康心理环境营造 （3）室外活动时婴幼儿愉快的健康心理环境营造 （4）室内活动时婴幼儿愉快的健康心理环境营造

续表

职业功能模块	培训内容	技能目标	培训细目
3．健康管理与教育	3-3　情绪管理	3-3-2　能体察婴幼儿的心理感受，给予及时的安慰	（1）识别婴幼儿个别心理需求 （2）体察婴幼儿心理感受 （3）安慰婴幼儿
		3-3-3　能通过榜样示范等形式帮助婴幼儿掌握一些简单的情绪管理方法	（1）帮助婴幼儿学会简单的情绪管理 （2）帮助婴幼儿调节不良情绪
4．辅助教育活动与家长工作	4-1　辅助室内教育活动	4-1-1　能按照教师的要求做好活动前的准备和活动结束后的整理工作	（1）活动前的准备 （2）活动中的配合 （3）活动结束后的整理
		4-1-2　能纠正婴幼儿的不良姿势	活动中纠正婴幼儿的不良姿势
		4-1-3　能检查活动场地地面及桌椅、教具等，排除安全隐患	排除室内活动场地的安全隐患
	4-2　辅助室外教育活动	4-2-1　能按照室外活动要求做好室外活动材料摆放、场地准备和收尾整理工作	（1）准备室外活动场地 （2）摆放室外活动材料 （3）室外活动后的收尾及整理
		4-2-2　能根据气温和活动量的变化随时提醒婴幼儿增减衣服	（1）根据气温提醒婴幼儿增减衣服 （2）根据活动量提醒婴幼儿增减衣服
		4-2-3　能及时发现并制止婴幼儿的危险行为	（1）发现室外活动中婴幼儿的危险行为 （2）及时制止婴幼儿的危险行为
	4-3　家长工作指导	4-3-1　能与家长沟通婴幼儿在园情况	与家长沟通婴幼儿在园情况
		4-3-2　能正面、积极评价和描述婴幼儿的表现	（1）积极评价婴幼儿的表现 （2）正面描述婴幼儿的表现

2.1.3　四级／中级职业技能培训要求

职业功能模块	培训内容	技能目标	培训细目
1．卫生管理与教育	1-1　清洁	1-1-1　能根据季节和室内温度变化，确定通风的时间和方式	（1）根据季节的变化通风 （2）根据天气情况通风 （3）根据房间性质通风

续表

职业功能模块	培训内容	技能目标	培训细目
1．卫生管理与教育	1-1　清洁	1-1-2　能根据实际需要，及时开展清洁工作	（1）根据日常实际需要及时清洁 （2）装修房屋启用后的清洁 （3）特殊天气下的室内清洁
	1-2　消毒	1-2-1　能根据物品的属性选择消毒方法	（1）选择合适的消毒方法 （2）不同属性物品的消毒
		1-2-2　能根据婴幼儿常见传染病特征做好消毒工作	婴幼儿常见传染病的消毒
	1-3　资产管理	1-3-1　能做好卫生设施、设备资产登记	常用卫生设施、设备资产的登记
		1-3-2　能对设备资产进行科学规范管理	科学管理设备资产
2．生活管理与教育	2-1　进餐、饮水管理与指导	2-1-1　能向婴幼儿介绍不同饭菜的营养特点，并引导婴幼儿不挑食、不偏食	（1）向婴幼儿介绍饭菜的营养特点 （2）引导婴幼儿不挑食、不偏食
		2-1-2　能指导幼儿独立进餐及自主进餐	（1）指导幼儿独立进餐 （2）指导幼儿自主进餐
		2-1-3　能引导婴幼儿养成良好的饮水习惯，在组织婴幼儿饮水和养成饮水习惯时注意婴幼儿的心理感受	（1）解决婴幼儿饮水中的常见问题 （2）引导婴幼儿养成良好的饮水习惯
	2-2　盥洗、如厕管理与指导	2-2-1　能处理婴幼儿盥洗、漱口、如厕中的问题	（1）处理婴幼儿盥洗中的问题 （2）处理婴幼儿漱口中的问题 （3）处理婴幼儿如厕中的问题
		2-2-2　能指导婴幼儿正确盥洗及整理衣物	（1）指导婴幼儿洗手 （2）指导婴幼儿洗脸 （3）指导婴幼儿洗脚 （4）指导婴幼儿洗澡 （5）指导婴幼儿刷牙 （6）指导婴幼儿洗头 （7）指导婴幼儿整理衣物
	2-3　睡眠照料	2-3-1　能指导婴幼儿独立就寝	（1）指导婴幼儿独立就寝 （2）指导婴幼儿进行就寝前后的整理
		2-3-2　能根据个别婴幼儿的排尿规律及时提醒其排尿	（1）及时提醒个别婴幼儿排尿 （2）婴幼儿遗尿问题的处理

续表

职业功能模块	培训内容	技能目标	培训细目
3．健康管理与教育	3-1　健康观察	3-1-1　能对健康状况异常的婴幼儿进行重点观察并记录	（1）重点观察健康状况异常的婴幼儿并做好记录 （2）观察与护理生病的婴幼儿
		3-1-2　能及时发现常见传染病患儿，并做好登记与隔离	（1）发现常见传染病患儿 （2）对常见传染病患儿进行登记 （3）对常见传染病患儿进行隔离
		3-1-3　能观察预防接种后婴幼儿的不良反应，并能够进行基本护理	（1）观察预防接种后婴幼儿的不良反应 （2）护理预防接种后出现不良反应的婴幼儿
	3-2　体格检查	3-2-1　能根据不同阶段体格发育指标，了解婴幼儿生长发育状况	（1）婴幼儿体格发育监测 （2）发育迟缓儿的过程管理
		3-2-2　能对体弱儿进行过程管理并做好登记	体弱儿的过程管理
	3-3　行为观察与情绪管理	3-3-1　能发现孤僻、语言发育迟缓、吮指癖等心理行为异常的婴幼儿，并做好登记	（1）孤僻婴幼儿的发现及登记 （2）语言发育迟缓婴幼儿的发现及登记 （3）吮指癖婴幼儿的发现及登记 （4）恋物婴幼儿的发现及登记
		3-3-2　能关注和理解婴幼儿的特殊心理需要，帮助婴幼儿克服一些轻微的异常行为	（1）关注和理解婴幼儿的特殊心理需要 （2）引导婴幼儿克服轻微的异常行为
		3-3-3　能对有特殊需要的婴幼儿进行积极的关注和情感支持	（1）积极关注有特殊需要的婴幼儿 （2）对特殊需要的婴幼儿进行情感支持
		3-3-4　能鼓励幼儿进行情绪表达和情感分享	（1）鼓励幼儿表达情绪 （2）鼓励幼儿分享情感
4．辅助教育活动与家长工作	4-1　辅助室内教育活动	4-1-1　能按照教育目标的要求，参与婴幼儿游戏的部分教学活动	（1）了解游戏的分类、活动内容及方法 （2）参与游戏的教学组织
		4-1-2　能根据教育目标及内容，协助教师进行环境创设	（1）了解环境创设的分类、意义及作用 （2）协助教师进行环境创设

续表

职业功能模块	培训内容	技能目标	培训细目
4．辅助教育活动与家长工作	4-1　辅助室内教育活动	4-1-3　能帮助和指导个别婴幼儿参与教育活动	（1）帮助和指导多动儿参与教育活动 （2）帮助和指导胆怯儿参与教育活动
	4-2　辅助室外教育活动	4-2-1　能协助教师组织婴幼儿进行部分游戏的教学活动	（1）协助教师进行室外体操游戏活动 （2）协助教师进行室外体育游戏活动
		4-2-2　能照顾体弱儿、肥胖儿适当参与室外活动	（1）照顾体弱儿参与室外活动 （2）照顾肥胖儿参与室外活动
		4-2-3　能观察婴幼儿的行为，并杜绝事故隐患	（1）观察室外活动中婴幼儿的行为 （2）及时干预婴幼儿的不安全行为
	4-3　家长工作指导	4-3-1　能依据所做的婴幼儿保育工作记录，与家长沟通和交流	（1）做好婴幼儿保育工作记录 （2）依据婴幼儿保育工作记录与家长沟通交流
		4-3-2　能协助教师组织家园共育活动	（1）了解家园共育活动的主要类型 （2）协助教师组织家园共育活动

2.1.4　三级／高级职业技能培训要求

职业功能模块	培训内容	技能目标	培训细目
1．卫生管理与教育	1-1　卫生管理	1-1-1　能参与卫生、清洁制度的建设并能提出合理化建议	（1）参与卫生制度建设 （2）参与清洁制度建设 （3）对卫生、清洁制度提出合理化建议
		1-1-2　能及时发现环境中可能危害婴幼儿健康的因素	及时发现环境中可能危害婴幼儿健康的因素
		1-1-3　能通过体验式教育，培养幼儿的良好卫生习惯	运用体验式教育培养幼儿的良好卫生习惯

续表

职业功能模块	培训内容	技能目标	培训细目
1．卫生管理与教育	1-2　消毒管理	1-2-1　能对常见传染病进行终末消毒	（1）常见呼吸道传染病的终末消毒 （2）常见消化道传染病的终末消毒 （3）常见接触性传染病的终末消毒
		1-2-2　能对疑似传染病患儿进行隔离，对其接触者进行检疫	（1）对疑似传染病患儿进行隔离 （2）对疑似传染病患儿接触者进行检疫
	1-3　人员管理	1-3-1　能对五级／初级工、四级／中级工进行一日保育工作流程管理	一日保育工作流程管理
		1-3-2　能开展保育工作教研，对保育工作中出现的常见问题提出解决方案	（1）保育工作教研 （2）解决保育工作中出现的常见问题
2．生活管理与教育	2-1　进餐指导	2-1-1　能对体弱儿及需要特殊照料期的婴幼儿的进餐活动进行个别指导	（1）体弱儿的饮食指导 （2）需特殊照料期（如营养不良、反复呼吸道感染、过敏体质、患有维生素D缺乏症、发育迟缓）婴幼儿的饮食指导
		2-1-2　能在进餐时根据不同季节蔬菜的营养特点进行饮食教育	（1）春季的饮食教育 （2）夏季的饮食教育 （3）秋季的饮食教育 （4）冬季的饮食教育
	2-2　盥洗、如厕管理	2-2-1　能观察并发现婴幼儿大、小便的异常	（1）观察并发现婴幼儿大便的异常 （2）观察并发现婴幼儿小便的异常 （3）大便异常的处理 （4）小便异常的处理
		2-2-2　能对盥洗、如厕出现的问题做出合理的应对	（1）应急处理盥洗时出现的问题 （2）应急处理如厕时出现的问题
	2-3　睡眠观察	2-3-1　能发现睡眠过程中的婴幼儿身体和行为异常，做出判断并能及时妥善处理	（1）发现、判断及处理睡眠过程中婴幼儿的身体异常 （2）发现、判断及处理睡眠过程中婴幼儿的行为异常

续表

职业功能模块	培训内容	技能目标	培训细目
2．生活管理与教育	2-3　睡眠观察	2-3-2　能运用观察、记录的方式引导婴幼儿养成良好的睡眠习惯	（1）观察婴幼儿睡眠 （2）撰写睡眠观察记录 （3）运用观察、记录的方式引导婴幼儿养成良好的睡眠习惯
3．健康管理与教育	3-1　预防伤害	3-1-1　能排查、发现安全隐患并及时排除或上报	（1）排查、发现活动场地、设施设备、大型体育器械、活动材料等常见的安全隐患 （2）排查、发现一日活动过程中的常见安全隐患 （3）发现安全隐患并及时排除或上报
		3-1-2　能对婴幼儿意外伤害事故及时处理	婴幼儿常见意外伤害事故处理
	3-2　健康观察	3-2-1　能对托幼机构晨、午、晚检以及传染病预防提出建议和方案	（1）对托幼机构晨检提出建议和方案 （2）对托幼机构午检提出建议和方案 （3）对托幼机构晚检提出建议和方案 （4）对托幼机构传染病预防提出建议和方案
		3-2-2　能对常见病患儿进行初步处理	（1）对常见病患儿的身体处理 （2）对常见病患儿的心理疏导
	3-3　健康指导	3-3-1　能依据婴幼儿定期体检的结果进行健康指导	（1）对婴幼儿体检结果的分析与评价 （2）依据婴幼儿定期体检的结果进行健康指导
		3-3-2　能在体弱儿健康管理中做好对家长的指导	对体弱儿家长的健康管理指导
		3-3-3　能对婴幼儿视力、听力、牙齿等问题进行登记并配合矫治	（1）婴幼儿视力、听力、牙齿的保健 （2）发现婴幼儿的视力、听力、牙齿等问题 （3）配合矫治婴幼儿的视力、听力、牙齿等问题
	3-4　行为干预	3-4-1　能对发育行为异常的婴幼儿进行初步干预	对发育行为异常婴幼儿的初步干预

续表

职业功能模块	培训内容	技能目标	培训细目
3．健康管理与教育	3–4 行为干预	3–4–2 能对心理行为异常的婴幼儿进行干预并做好家长沟通工作	（1）对心理行为异常婴幼儿的干预 （2）与心理行为异常婴幼儿的家长沟通
		3–4–3 能在保育过程中积极引导、帮助幼儿增强自信	（1）在保育过程中积极、正面引导幼儿 （2）在保育过程中帮助幼儿增强自信
4．辅助教育活动与家长工作	4–1 辅助室内教育活动	4–1–1 能主动了解教师的教育计划，并配合教育活动	（1）主动了解教师的教育计划 （2）配合教师进行室内教育活动
		4–1–2 能用科学的观念辅助教师开展婴幼儿游戏和教育活动	（1）辅助组织婴幼儿的游戏和教育活动 （2）尊重婴幼儿的发展规律进行教育教学
		4–1–3 能根据教育目标及内容，协助教师进行玩具、教具制作	（1）了解教育目标及内容 （2）协助教师进行玩具制作 （3）协助教师进行教具制作
	4–2 辅助室外教育活动	4–2–1 能参与组织婴幼儿室外教育活动	（1）了解婴幼儿的体质 （2）参与组织婴幼儿室外教育活动
		4–2–2 能关注婴幼儿的个体差异，并进行针对性的指导	（1）了解婴幼儿的个体差异 （2）对不同婴幼儿进行针对性的指导
	4–3 家长工作指导	4–3–1 能为家长提供科学保育咨询与家庭指导	（1）为家长提供婴幼儿饮食咨询与家庭指导 （2）为家长提供婴幼儿身体锻炼咨询与家庭指导 （3）为家长提供婴幼儿秋冬季保健咨询与家庭指导 （4）为家长提供婴幼儿早期发展咨询与家庭指导
		4–3–2 能撰写并运用婴幼儿个案跟踪记录开展家长工作	（1）撰写婴幼儿个案跟踪记录 （2）运用婴幼儿个案跟踪记录开展家长工作
5．培训与指导	5–1 技能培训	5–1–1 能对五级／初级工、四级／中级工进行室内外清洁、日常消毒等操作技能培训	（1）室内、外清洁的操作技能培训 （2）日常消毒的操作技能培训

续表

职业功能模块	培训内容	技能目标	培训细目
5．培训与指导	5-1 技能培训	5-1-2 能对五级/初级工、四级/中级工进行健康观察、健康指导、心理健康教育、意外伤害处理等操作技能培训	（1）健康观察的操作技能培训 （2）健康指导的操作技能培训 （3）心理健康教育的操作技能培训 （4）意外伤害处理的操作技能培训
		5-1-3 能对五级/初级工、四级/中级工进行辅助室内外教育活动、家长工作指导等配合教育的技能培训	（1）辅助室内教育活动的技能培训 （2）辅助室外教育活动的技能培训 （3）家长工作指导的技能培训
	5-2 工作指导	5-2-1 能根据五级/初级工、四级/中级工日常工作出现的问题进行指导	指导日常工作并辅助解决出现的各类问题
		5-2-2 能对五级/初级工、四级/中级工在促进婴幼儿发展工作中出现的不适宜行为进行指导	纠正在促进婴幼儿发展工作中出现的不适宜行为
		5-2-3 能对婴幼儿家长进行个性化的保育保健指导	指导婴幼儿家长进行个性化的保育保健
		5-2-4 能进行保育保健科普知识讲座	开展保育保健科普知识讲座

2.2 课程规范

2.2.1 职业基本素质培训课程规范

模块	课程	学习单元	课程内容	培训建议	课堂学时
1．职业认知与职业道德	1-1 职业认知	职业认知	1）保育员职业概述 ①职业定义 ②职业简介	（1）方法：讲授法、案例教学法 （2）重点：保育员职业定义	1
			2）保育员的工作内容		

续表

模块	课程	学习单元	课程内容	培训建议	课堂学时
1．职业认知与职业道德	1–1　职业认知	职业认知	3）基本礼仪知识	（3）难点：沟通技巧	
			4）沟通技巧		
	1–2　职业道德基本知识	道德与职业道德	1）道德 ①道德的含义 ②维持道德的依据 ③公民道德规范 ④社会主义核心价值观	（1）方法：讲授法、案例教学法 （2）重点与难点：保育员职业道德养成，保育员的职业道德规范	1
			2）职业道德 ①职业道德的概念 ②各行业共同的道德内容 ③服务态度、服务质量、职业道德三者的关系 ④加强职业道德修养		
			3）保育员的职业道德规范		
	1–3　职业守则	保育员职业守则	1）为人师表，遵纪守法	（1）方法：讲授法、案例教学法 （2）重点与难点：保育员职业守则	1
			2）关爱儿童，平等尊重		
			3）勤奋好学，恪尽职守		
			4）认真观察，合规操作		
			5）文明礼貌，友善协作		
2．婴幼儿生理、心理教育基本知识	2–1　婴幼儿生理学知识	（1）婴幼儿生理特点及保育	1）婴幼儿运动系统的特点及保育要点	（1）方法：讲授法、演示法	3
			2）婴幼儿呼吸系统的特点及保育要点		
			3）婴幼儿循环系统的特点及保育要点		
			4）婴幼儿消化系统的特点及保育要点		
			5）婴幼儿泌尿系统的特点及保育要点		
			6）婴幼儿皮肤的特点及保育要点		
			7）婴幼儿内分泌系统的特点及保育要点		

续表

模块	课程	学习单元	课程内容	培训建议	课堂学时
2．婴幼儿生理、心理教育基本知识	2–1 婴幼儿生理学知识	（1）婴幼儿生理特点及保育	8）婴幼儿神经系统的特点及保育要点	（2）重点与难点：婴幼儿生理特点及保育要点	
			9）婴幼儿生殖系统的特点及保育要点		
			10）婴幼儿视觉系统的特点及保育要点		
			11）婴幼儿听觉系统的特点及保育要点		
		（2）婴幼儿生长发育的规律及评价	1）婴幼儿生长发育的一般规律	（1）方法：讲授法、实训法 （2）重点：婴幼儿生长发育的评价指标 （3）难点：婴幼儿生长发育的评价方法	1
			2）婴幼儿生长发育的影响因素		
			3）婴幼儿生长发育的评价指标		
			4）婴幼儿生长发育的评价方法		
	2–2 婴幼儿卫生保健知识	（1）婴幼儿膳食卫生	1）查验食物的质量	（1）方法：讲授法、案例教学法 （2）重点与难点：查验食物的质量、生熟、卫生及来源	1
			2）查验食物的生熟		
			3）查验食物的卫生		
			4）查验食物的来源		
		（2）托幼机构保教活动卫生	1）合理安排保教活动的婴幼儿生理学基础	（1）方法：讲授法、案例教学法 （2）重点与难点：生活、教学、游戏及室外活动的卫生保健	2
			2）制定合理生活制度的意义		
			3）制定合理生活制度的原则		
			4）生活活动的卫生保健		
			5）教学活动的卫生保健		
			6）游戏活动的卫生保健		
			7）室外体育活动的卫生保健		

续表

模块	课程	学习单元	课程内容	培训建议	课堂学时
2．婴幼儿生理、心理教育基本知识	2-3　婴幼儿心理学知识	（1）婴幼儿心理发展一般特点及保育	1）婴幼儿心理发育的总特点	（1）方法：讲授法、案例教学法 （2）重点：婴幼儿动作、语言、感知觉、记忆、思维发展的特点 （3）难点：婴幼儿想象、情绪和情感、个性和气质、自我意识发展的特点	2
			2）婴幼儿动作发展的特点及保育要点		
			3）婴幼儿语言发展的特点及保育要点		
			4）婴幼儿感知觉发展的特点及保育要点		
			5）婴幼儿记忆发展的特点及保育要点		
			6）婴幼儿思维发展的特点及保育要点		
			7）婴幼儿想象发展的特点及保育要点		
			8）婴幼儿情绪和情感发展的特点及保育要点		
			9）婴幼儿个性和气质发展的特点及保育要点		
			10）婴幼儿自我意识发展的特点及保育要点		
		（2）心理发育评价的方法	1）谈话法	（1）方法：讲授法、案例教学法、实训法 （2）重点与难点：观察法、问卷法	1
			2）观察法		
			3）筛选检查法		
			4）问卷法		
		（3）婴幼儿心理健康教育	1）婴幼儿心理健康的意义	（1）方法：讲授法、案例教学法 （2）重点与难点：婴幼儿心理健康教育的主要内容	1
			2）婴幼儿心理健康的标志		
			3）影响婴幼儿心理健康的因素		
			4）婴幼儿心理健康教育的主要内容		

续表

模块	课程	学习单元	课程内容	培训建议	课堂学时
2．婴幼儿生理、心理教育基本知识	2–3 婴幼儿心理学知识	（4）婴幼儿常见心理卫生问题及保育	1）情绪障碍的特点及患儿保育要点	（1）方法：讲授法、案例教学法 （2）重点：情绪障碍、睡眠障碍、语言发育迟缓、抽动症、自闭倾向问题的特点 （3）难点：品行障碍、恐怖症、强迫症患儿的保育	2
			2）睡眠障碍的特点及患儿保育要点		
			3）品行障碍的特点及患儿保育要点		
			4）语言发育迟缓的特点及患儿保育要点		
			5）抽动症的特点及患儿保育要点		
			6）自闭倾向问题的特点及患儿保育要点		
			7）儿童恐怖症的特点及患儿保育要点		
			8）儿童强迫症的特点及患儿保育要点		
	2–4 婴幼儿教育学知识	（1）儿童发展观	1）儿童发展的全面观	（1）方法：讲授法、案例教学法 （2）重点与难点：儿童发展的全面观和规律性	1
			2）儿童发展的规律性		
			3）儿童发展的个体差异性		
			4）学前教育与儿童发展的相互作用		
		（2）学前教育的基本理念	1）学前教育的对象、性质、任务	（1）方法：讲授法、案例教学法 （2）重点与难点：保教结合理念	1
			2）保教结合理念		
			3）现代学前教育的新观念		
			4）现代学前教育的新趋势		
		（3）游戏基础知识	1）游戏的作用	（1）方法：讲授法、案例教学法 （2）重点与难点：游戏精神在生活活动中的落实	1
			2）游戏的分类		
			3）保育员在游戏中的辅助工作		
			4）游戏精神在生活活动中的落实		

续表

模块	课程	学习单元	课程内容	培训建议	课堂学时
2．婴幼儿生理、心理教育基本知识	2-4　婴幼儿教育学知识	（4）家—园—社合作共育	1）家—园—社区合作共育的意义 2）托幼机构与家庭的合作 3）托幼机构与社区的合作 4）托幼机构与小学的合作	（1）方法：讲授法、案例教学法 （2）重点与难点：托幼机构与家庭的合作	1
3．婴幼儿常见病及常见传染病基础知识	3-1　婴幼儿常见病及其保健知识	（1）婴幼儿常见病的检查及预防	1）婴幼儿常见病的一般检查及预防 2）婴幼儿常见病及预防 ①佝偻病 ②单纯性肥胖症 ③缺铁性贫血 ④斜视 ⑤弱视 ⑥近视 ⑦中耳炎 ⑧上呼吸道感染 ⑨支气管肺炎 ⑩扁桃体炎 ⑪龋齿	（1）方法：讲授法、案例教学法、演示法 （2）重点与难点：婴幼儿常见病及预防	3
		（2）婴幼儿常见病的护理方法	1）体温测量法 2）冷敷法 3）热敷法 4）给药法	（1）方法：讲授法、实训法 （2）重点：体温测量法 （3）难点：给药法	1
		（3）常用婴幼儿急救方法	1）心跳呼吸骤停的急救 2）急性中毒的急救 3）出血的急救 4）惊厥的急救	（1）方法：讲授法、案例教学法、实训法 （2）重点与难点：出血和惊厥的急救	1
	3-2　婴幼儿常见传染病及其预防知识	（1）传染病基础知识	1）传染病的特性 2）传染病流行过程的基本环节	（1）方法：讲授法、案例教学法	1

续表

模块	课程	学习单元	课程内容	培训建议	课堂学时
3．婴幼儿常见病及常见传染病基础知识	3–2 婴幼儿常见传染病及其预防知识	（1）传染病基础知识	3）传染病的主要类型 4）传染病的预防	（2）重点与难点：传染病的预防	
		（2）婴幼儿常见病毒性传染病及其预防	1）麻疹及其预防 2）风疹及其预防 3）幼儿急疹及其预防 4）水痘及其预防 5）流行性感冒及其预防 6）流行性腮腺炎及其预防 7）病毒性肝炎及其预防 8）手足口病及其预防 9）流行性乙型脑炎及其预防 10）带状疱疹及其预防 11）感染性腹泻及其预防 12）流行性出血性结膜炎及其预防	（1）方法：讲授法、案例教学法 （2）重点与难点：婴幼儿常见病毒性传染病及其预防	3
		（3）婴幼儿常见细菌性传染病及其预防	1）百日咳及其预防 2）猩红热及其预防 3）流行性脑脊髓膜炎及其预防 4）细菌性痢疾及其预防	（1）方法：讲授法、案例教学法 （2）重点与难点：婴幼儿细菌性传染病及其防治	1
		（4）婴幼儿常见寄生虫病及其预防	1）蛔虫病、蛲虫病及其预防 2）钩虫病及其预防 3）绦虫病及其预防 4）血吸虫病及其预防	（1）方法：讲授法、案例教学法 （2）重点与难点：蛔虫病、蛲虫病及其预防	1
4．婴幼儿安全知识	4–1 托幼机构伤害事故	（1）托幼机构常见伤害事故的类型	1）设施设备伤害 2）保育教育伤害 3）婴幼儿自身伤害	（1）方法：讲授法、案例教学法	2

续表

模块	课程	学习单元	课程内容	培训建议	课堂学时
4．婴幼儿安全知识	4-1 托幼机构伤害事故	（1）托幼机构常见伤害事故的类型	4）婴幼儿走失 5）不良人员侵入 6）园外活动伤害 7）灾害伤害	（2）重点与难点：设施设备伤害、保育教育伤害、婴幼儿自身伤害	
		（2）托幼机构伤害事故的特点及发生的原因	1）托幼机构意外伤害的特点 2）托幼机构常见事故发生的原因	（1）方法：讲授法、案例教学法 （2）重点与难点：托幼机构常见事故发生的原因	1
	4-2 婴幼儿伤害预防及紧急处理	婴幼儿伤害预防及紧急处理	1）班级中的安全常识 ①活动室环境和玩具的安全 ②班级活动的安全 ③着装安全 ④防火、防震 ⑤晨、午、晚检的安全 ⑥积极预防外来侵犯 2）婴幼儿意外伤害的紧急处理原则 3）意外伤害的紧急处理方法 ①跌伤 / 磕伤 / 擦伤 ②烫伤 ③挤压伤 ④切割伤 ⑤骨折 ⑥食物中毒 ⑦触电或溺水 ⑧异物伤害	（1）方法：讲授法、案例教学法 （2）重点与难点：班级中的安全常识	2
5．婴幼儿营养学知识	5-1 婴幼儿的营养需要	（1）七大营养素基本知识	1）蛋白质 2）脂类 3）碳水化合物 4）膳食纤维 5）维生素 6）无机盐 7）水	（1）方法：讲授法 （2）重点与难点：蛋白质、水	2

续表

模块	课程	学习单元	课程内容	培训建议	课堂学时
5．婴幼儿营养学知识	5-1 婴幼儿的营养需要	（2）营养与婴幼儿发育	1）营养与婴幼儿身体发育	（1）方法：讲授法、案例教学法 （2）重点与难点：营养与婴幼儿身体、大脑发育	1
			2）营养与婴幼儿大脑发育		
			3）婴幼儿对热量的需要		
			4）婴幼儿对产能营养素及非产能营养素的需要		
	5-2 婴幼儿常见营养问题及合理膳食	婴幼儿常见营养问题及合理膳食	1）婴幼儿常见营养问题 ①营养素缺乏 ②营养素过量及不平衡	（1）方法：讲授法、案例教学法 （2）重点与难点：幼儿的合理膳食	2
			2）婴儿的合理膳食 ①母乳喂养 ②人工喂养及辅食添加		
			3）幼儿的合理膳食 ①合理安排幼儿膳食的意义及原则 ②幼儿合理膳食的主要内容 ③幼儿食谱的制定和评价 ④培养幼儿良好的饮食习惯		
6．婴幼儿发育行为知识	6-1 婴幼儿发育行为基础知识	婴幼儿发育行为及量表评定	1）婴幼儿发育行为的规律及影响因素	（1）方法：讲授法、案例教学法 （2）重点：婴幼儿发育行为的规律及影响因素 （3）难点：0~6岁儿童发育行为评估	1
			2）婴幼儿发育行为评定		
			3）0~6岁儿童发育行为评估		
	6-2 婴幼儿发育行为障碍	婴幼儿发育行为障碍及患儿保育	1）注意力缺陷多动障碍的特点及患儿保育要点	（1）方法：讲授法、案例教学法	2
			2）发育性运动协调障碍的特点及患儿保育要点		
			3）脑瘫的特点及患儿保育要点		

续表

模块	课程	学习单元	课程内容	培训建议	课堂学时
6．婴幼儿发育行为知识	6-2　婴幼儿发育行为障碍	婴幼儿发育行为障碍及患儿保育	4）智障的特点及患儿保育要点	（2）重点与难点：婴幼儿发育行为障碍的特点及保育要点	
			5）听力损害的特点及患儿保育要点		
			6）视力损害的特点及患儿保育要点		
			7）癫痫的特点及患儿保育要点		
			8）生长发育迟缓的特点及患儿保育要点		
7．相关环境知识	7-1　托幼机构的环境及其利用知识	托幼机构的环境及其利用	1）托幼机构环境的特点	（1）方法：讲授法、案例教学法、观摩法 （2）重点与难点：环境创设的基本原则和要求	2
			2）托幼机构环境创设的意义		
			3）托幼机构环境创设的基本原则		
			4）托幼机构环境创设的基本要求		
			5）托幼机构环境创设的过程		
			6）托幼机构环境创设的误区		
	7-2　班级环境及其利用知识	班级环境创设	1）班级室内物质环境的创设	（1）方法：讲授法、案例教学法、观摩法 （2）重点与难点：班级室内、外物质环境的创设	1
			2）班级室外物质环境的创设		
			3）班级精神环境的创设		
8．相关法律、法规知识	8-1　相关法律知识	相关法律知识	1）《中华人民共和国未成年人保护法》相关知识	（1）方法：讲授法、案例教学法 （2）重点与难点：《中华人民共和国未成年人保护法》和《中华人民共和国教育法》相关知识	1
			2）《中华人民共和国教育法》相关知识		
			3）《中华人民共和国劳动法》相关知识		

续表

模块	课程	学习单元	课程内容	培训建议	课堂学时
8．相关法律、法规知识	8-2　相关法规知识	相关法规知识	1）《幼儿园教育指导纲要（试行）》相关知识 2）《幼儿园工作规程》相关知识 3）《幼儿园饮食卫生条例》相关知识 4）《幼儿教师专业标准》相关知识 5）《托儿所、幼儿园卫生保健管理办法》相关知识 6）《托儿所、幼儿园卫生保健工作规范》相关知识 7）《3～6岁儿童学习与发展指南》相关知识 8）《全国家庭教育指导大纲》相关知识	（1）方法：讲授法、案例教学法 （2）重点与难点：《托儿所、幼儿园卫生保健管理办法》《托儿所、幼儿园卫生保健工作规范》《3～6岁儿童学习与发展指南》相关知识	2
课堂学时合计					50

2.2.2　五级 / 初级职业技能培训课程规范

模块	课程	学习单元	课程内容	培训建议	课堂学时
1．卫生管理与教育	1-1　清洁	（1）清洁卫生知识	1）清洁卫生的一般操作程序和注意事项 2）细菌和病毒感染、传播的相关知识 3）“四害”的防治 ①老鼠 ②苍蝇 ③蚊子 ④蟑螂	（1）方法：讲授法、案例教学法、讨论法 （2）重点与难点：清洁卫生的一般操作程序和注意事项	2

续表

模块	课程	学习单元	课程内容	培训建议	课堂学时
1. 卫生管理与教育	1-1　清洁	（2）婴幼儿活动场所的清洁	1）活动室清洁的操作程序和注意事项 2）睡眠室清洁的操作程序和注意事项 3）盥洗室清洁的操作程序和注意事项	（1）方法：讲授法、案例教学法、实训法 （2）重点与难点：婴幼儿活动场所的清洁	2
		（3）各类设施、用具、玩／教具的清洁	1）各类设施清洁的操作程序和注意事项 2）各类用具清洁的操作程序和注意事项 3）各类玩具、教具清洁的操作程序和注意事项	（1）方法：讲授法、案例教学法、实训法 （2）重点与难点：各类设施、用具、玩／教具的清洁	1
		（4）日常用品的清洁、整理与分类摆放	1）日常用品的清洁 2）日常用品的整理和分类摆放	（1）方法：讲授法、案例教学法、实训法 （2）重点与难点：日常用品的整理与分类摆放	1
		（5）开窗通风的时间及操作要求	1）开窗通风的作用 2）开窗通风的时间 3）开窗通风的操作要求	（1）方法：讲授法、案例教学法、讨论法 （2）重点与难点：开窗通风的操作要求	1
		（6）指导婴幼儿养成良好的卫生习惯	1）指导婴幼儿正确洗手、洗脸 2）指导婴幼儿正确漱口和擤鼻涕 3）指导婴幼儿养成良好的卫生习惯	（1）方法：讲授法、演示法、实训法 （2）重点与难点：指导婴幼儿养成良好的卫生习惯	1
	1-2　消毒	（1）消毒知识	1）常见传染病的传播途径 2）托幼机构常用的消毒方法及适用范围	（1）方法：讲授法、案例教学法、讨论法 （2）重点与难点：托幼机构常用的消毒方法及适用范围	1

续表

模块	课程	学习单元	课程内容	培训建议	课堂学时
1．卫生管理与教育	1-2　消毒	(2) 婴幼儿活动场所及各类设施、用具和玩 / 教具的消毒	1) 婴幼儿活动场所及各类设施的消毒 2) 毛巾、床上用品的消毒 3) 抹布的消毒 4) 玩 / 教具的消毒 5) 图书的消毒	(1) 方法：讲授法、演示法、实训法 (2) 重点与难点：婴幼儿活动场所及各类设施的消毒	2
		(3) 配制常用消毒液	1) 常用消毒液的成分与作用 2) 常用消毒液的配制	(1) 方法：讲授法、案例教学法、实训法 (2) 重点与难点：常用消毒液的配制	1
	1-3　物品管理	(1) 班级的物品管理	1) 班级清洁卫生用品的保管 2) 班级清洁工具的保管 3) 班级卫生消毒用品及危险品的保管	(1) 方法：讲授法、案例教学法、实训法 (2) 重点与难点：保管班级的卫生消毒用品、清洁工具及危险品	1
		(2) 清洁、消毒用品使用过程中的安全隐患及排除	1) 常见清洁危险品的特性及安全管理流程 2) 常见消毒危险品的特性及安全管理流程 3) 发现并排除清洁、消毒用品使用过程中的安全隐患	(1) 方法：讲授法、案例教学法、参观法 (2) 重点与难点：发现并排除清洁、消毒用品使用过程中的安全隐患	2
2．生活管理与指导	2-1　进餐管理与指导	(1) 控制饭菜的温度	1) 饭菜的保洁与保温 2) 饭菜的防烫与晾凉	(1) 方法：讲授法、案例教学法、实训法 (2) 重点与难点：饭菜的保洁与保温	1
		(2) 餐具分发及进餐中的自理能力培养	1) 按照婴幼儿年龄要求分发餐具 2) 培养婴幼儿自理能力的重要性 3) 3 岁及以下婴儿生活自理常识	(1) 方法：讲授法、讨论法、演示法、实训法	2

续表

模块	课程	学习单元	课程内容	培训建议	课堂学时
2．生活管理与指导	2-1 进餐管理与指导	（2）餐具分发及进餐中的自理能力培养	4）4 岁幼儿生活自理常识 5）5~6 岁幼儿生活自理常识	（2）重点：婴幼儿生活自理常识	
		（3）根据需要分发、添加饭菜	1）合理营养膳食的重要性 2）膳食搭配的基本原则 3）刺激婴幼儿的食欲 4）不同年龄婴幼儿的进餐特点 5）分发饭菜的程序和要求 6）及时为婴幼儿添加饭菜	（1）方法：讲授法、角色扮演法、实训法 （2）重点：分发饭菜的程序和要求 （3）难点：膳食搭配的基本原则运用	3
		（4）指导婴幼儿养成良好的进餐习惯	1）良好的进餐习惯养成规范 2）指导婴幼儿养成正确的进餐姿势 3）指导婴幼儿养成正确使用餐具的习惯 4）指导婴幼儿养成定时定量用餐的习惯 5）指导婴幼儿养成不偏食、不挑食的习惯 6）指导婴幼儿保持良好的进餐卫生 7）指导婴幼儿养成专心、文明进餐的习惯	（1）方法：讲授法、角色扮演法、实训法、项目教学法 （2）重点与难点：指导婴幼儿养成良好的进餐习惯	3
		（5）指导婴幼儿饭后漱口、正确使用餐巾	1）指导婴幼儿饭后漱口 2）餐巾的折叠与使用	（1）方法：讲授法、案例教学法、实训法 （2）重点与难点：指导婴幼儿饭后漱口、正确使用餐巾	1

续表

模块	课程	学习单元	课程内容	培训建议	课堂学时
2．生活管理与指导	2-2 饮水管理与指导	（1）饮水设备的清洁与消毒	1）饮水设备的清洁	（1）方法：讲授法、案例教学法、实训法 （2）重点与难点：饮水设备的清洁与消毒	1
			2）饮水设备的消毒		
		（2）根据具体情况提供温度适宜的饮用水	1）饮水对婴幼儿健康的作用	（1）方法：讲授法、演示法、实训法 （2）重点：婴幼儿饮水量的变化 （3）难点：控制水温	2
			2）婴幼儿饮水量的变化		
			3）婴幼儿饮用水的水质要求及水的选择		
			4）准备饮用水		
			5）控制水温		
		（3）指导婴幼儿养成良好的饮水习惯	1）婴幼儿饮水心理需求	（1）方法：讲授法、案例教学法、实训法 （2）重点与难点：指导婴幼儿定时与不定时饮水	2
			2）组织婴幼儿饮水		
			3）指导婴幼儿定时饮水		
			4）指导婴幼儿不定时饮水		
			5）不宜饮水的情况		
			6）特殊饮用水的制作方法		
			7）培养婴幼儿喝温开水的习惯		
	2-3 盥洗、如厕管理与指导	（1）组织婴幼儿盥洗，培养盥洗习惯	1）组织婴幼儿盥洗	（1）方法：讲授法、角色扮演法、实训法 （2）重点：组织婴幼儿盥洗 （3）难点：培养婴幼儿良好的盥洗习惯	2
			2）培养婴幼儿良好盥洗习惯的方法		
			3）培养婴幼儿良好的盥洗习惯实例		
		（2）指导婴幼儿大小便与便后清洁	1）婴幼儿小便的指导与训练	（1）方法：讲授法、演示法、实训法 （2）重点：婴幼儿大小便的指导与训练 （3）难点：婴幼儿两便清洁	2
			2）婴幼儿大便的指导与训练		
			3）婴幼儿两便清洁		

续表

模块	课程	学习单元	课程内容	培训建议	课堂学时
2．生活管理与指导	2-3 盥洗、如厕管理与指导	（3）及时提醒婴幼儿大小便	1）提醒婴幼儿及时如厕 2）防治儿童心理性便秘	（1）方法：讲授法、案例教学法、情境表演法 （2）重点与难点：提醒婴幼儿及时如厕	1
	2-4 睡眠照料	（1）为婴幼儿营造良好、安全的睡眠环境	1）婴幼儿睡眠的重要性 2）婴幼儿睡眠的特点 3）准备睡眠室、寝具的程序和要求 4）整理睡眠室、寝具的程序和要求 5）睡眠前的活动安排 6）睡眠物质环境创设 7）睡眠心理环境创设	（1）方法：讲授法、演示法、实训法 （2）重点与难点：睡眠物质环境和心理环境创设	3
		（2）帮助婴幼儿穿脱衣服、鞋子，晾被、叠被、整理铺床	1）穿脱衣服、鞋子的程序和注意事项 2）帮助并指导婴幼儿穿脱衣物 3）晾晒被褥的要求和方法 4）叠被、整理铺床的要求和方法	（1）方法：讲授法、演示法、实训法 （2）重点：晾被、叠被、整理铺床 （3）难点：帮助并指导婴幼儿穿脱衣物	2
		（3）婴幼儿睡眠护理	1）婴幼儿睡眠的安全常识 2）睡眠的个别指导	（1）方法：讲授法、观摩法、实训法 （2）重点与难点：纠正不良睡姿	1
		（4）指导婴幼儿养成良好的睡眠习惯	1）婴幼儿睡眠心理调节 2）婴幼儿睡眠习惯养成方式 3）指导婴幼儿养成良好的睡眠习惯实例	（1）方法：讲授法、讨论法、实训法 （2）重点与难点：指导婴幼儿养成良好的睡眠习惯	2

续表

模块	课程	学习单元	课程内容	培训建议	课堂学时
2. 生活管理与指导	2–5　物品管理	（1）班级设施、设备、用具管理	1）生活物品保管方式 2）班级设施、设备管理 3）玩具、教具和图书的保管 4）婴幼儿个人物品保管	（1）方法：讲授法、参观法、实训法 （2）重点与难点：玩具、教具和图书的保管	2
		（2）及时发现并处理生活物品使用过程中的不安全因素	1）常见生活危险品的正确放置方式和使用方法 2）物品使用过程中的不安全因素实例 3）及时发现并处理生活物品使用过程中的不安全因素	（1）方法：讲授法、案例教学法、实训法 （2）重点与难点：及时发现并处理生活物品使用过程中的不安全因素	2
3. 健康管理与教育	3–1　健康观察	（1）协助教师进行晨、午、晚检	1）晨、午、晚检的相关知识 2）婴幼儿衣着安全 3）危害婴幼儿安全的小物品种类 4）危害婴幼儿安全的小物品来源 5）晨、午、晚检中保育员的工作	（1）方法：讲授法、案例教学法、实训法、情境表演法 （2）重点与难点：晨、午、晚检中保育员的工作	2
		（2）婴幼儿健康状况全日观察	1）全日观察的相关知识 2）婴幼儿健康基本体征指标 3）婴幼儿常见的情绪表现 4）婴幼儿生病的迹象 5）婴幼儿精神状态检查 6）异常情况登记	（1）方法：讲授法、案例教学法、实训法、观摩法 （2）重点与难点：婴幼儿生病的迹象	3
	3–2　体格检查	（1）配合教师和保健医（员）为婴幼儿定期体检	1）婴幼儿生长发育评价指标 2）定期体检制度 3）婴幼儿体检时保育员的工作	（1）方法：讲授法、案例教学法、实训法 （2）重点与难点：婴幼儿体检时保育员的工作	2

续表

模块	课程	学习单元	课程内容	培训建议	课堂学时
3．健康管理与教育	3-2　体格检查	（2）“三浴”锻炼	1）水浴锻炼的程序及注意事项 2）空气浴锻炼的程序及注意事项 3）日光浴锻炼的程序及注意事项	（1）方法：讲授法、案例教学法、实训法 （2）重点与难点：“三浴”锻炼的程序及注意事项	2
	3-3　情绪管理	（1）婴幼儿心理环境营造及心理保健知识	1）婴幼儿心理环境营造的意义 2）婴幼儿心理环境营造的要求 3）心理环境营造的方法 4）婴幼儿心理保健的内容 5）婴幼儿心理保健的要求	（1）方法：讲授法、案例教学法、讨论法 （2）重点与难点：心理环境营造的方法	3
		（2）不同场景下婴幼儿愉快的健康心理环境营造	1）入睡前婴幼儿愉快的健康心理环境营造 2）就餐时婴幼儿愉快的健康心理环境营造 3）室外活动时婴幼儿愉快的健康心理环境营造 4）室内活动时婴幼儿愉快的健康心理环境营造	（1）方法：讲授法、参观法、实训法 （2）重点与难点：入睡前、就餐时、室外活动时、室内活动时婴幼儿愉快的健康心理环境营造	2
		（3）婴幼儿个别心理需求和感受的识别与满足	1）婴幼儿个别心理需求识别 2）婴幼儿个别心理需求满足 3）体察婴幼儿心理感受的方法 4）对婴幼儿心理感受的处理	（1）方法：讲授法、情境表演法、实训法 （2）重点与难点：体察婴幼儿的心理感受	2
		（4）帮助婴幼儿进行简单情绪管理	1）婴幼儿不良情绪产生的原因 2）婴幼儿不良情绪的调节和疏导	（1）方法：讲授法、案例教学法、实训法	2

续表

模块	课程	学习单元	课程内容	培训建议	课堂学时
3．健康管理与教育	3–3 情绪管理	(4) 帮助婴幼儿进行简单情绪管理	3) 婴幼儿情绪管理方法	(2) 重点与难点：婴幼儿不良情绪的调节和疏导	
			4) 指导婴幼儿情绪管理的方法		
			5) 帮助婴幼儿调节不良情绪的实例		
4．辅助教育活动与家长工作	4–1 辅助室内教育活动	(1) 室内活动前的准备、活动中的配合及活动后的整理	1) 玩具、教具的作用及使用原则	(1) 方法：讲授法、案例教学法、实训法 (2) 重点与难点：室内活动前的准备及活动后的整理	3
			2) 室内活动材料的选择		
			3) 室内活动应注意的问题		
			4) 室内活动前的准备及活动中的配合工作		
			5) 室内活动后的整理工作		
		(2) 婴幼儿不良姿势的纠正	1) 室内活动中辅助纠正婴幼儿不良姿势的方法	(1) 方法：讲授法、案例教学法、实训法 (2) 重点与难点：室内活动中辅助纠正婴幼儿的不良姿势	1
			2) 室内活动中辅助纠正婴幼儿不良姿势的实例		
		(3) 室内活动场地安全隐患排除	1) 安全排查标准及要求	(1) 方法：讲授法、案例教学法、实训法 (2) 重点与难点：排除室内活动场地的安全隐患	2
			2) 排除室内活动场地的安全隐患		
	4–2 辅助室外教育活动	(1) 室外活动准备及收尾整理	1) 室外活动场地的准备	(1) 方法：讲授法、参观法、实训法 (2) 重点与难点：室外活动场地准备、材料准备和收尾整理	3
			2) 室外活动材料的准备		
			3) 室外活动的收尾整理		
			4) 室外活动后的保育工作		

续表

模块	课程	学习单元	课程内容	培训建议	课堂学时
4．辅助教育活动与家长工作	4–2　辅助室外教育活动	(2) 提醒婴幼儿增减衣服	1) 婴幼儿室外体能活动知识 2) 根据气温和活动量变化提醒婴幼儿增减衣服	(1) 方法：讲授法、案例教学法、实训法 (2) 重点与难点：提醒婴幼儿增减衣服	1
		(3) 室外活动中婴幼儿危险行为的发现及制止	1) 室外活动中婴幼儿的常见危险行为 2) 及时制止婴幼儿常见危险行为	(1) 方法：讲授法、案例教学法、实训法 (2) 重点与难点：及时制止婴幼儿常见危险行为	1
	4–3　家长工作指导	(1) 与家长沟通的方式、方法及技巧	1) 与家长沟通交流的准备 2) 与家长沟通的主要方式 3) 与家长沟通的一般方法 4) 与家长沟通的一般技巧 5) 与家长沟通婴幼儿在园情况实例	(1) 方法：讲授法、情境表演法、实训法 (2) 重点与难点：与家长沟通的方法与技巧	2
		(2) 正面、积极评价和描述婴幼儿的表现	1) 对婴幼儿发展客观评价的定义和原则 2) 正面、积极评价婴幼儿的表现 3) 正面描述婴幼儿的表现 4) 正面、积极评价和描述婴幼儿的表现实例	(1) 方法：讲授法、角色扮演法、实训法 (2) 重点与难点：正面、积极评价和描述婴幼儿的表现	2
课堂学时合计					80

2.2.3 四级 / 中级职业技能培训课程规范

模块	课程	学习单元	课程内容	培训建议	课堂学时
1. 卫生管理与教育	1-1 清洁	(1) 常用的通风方式	1) 空气质量知识	(1) 方法：讲授法、案例教学法、讨论法 (2) 重点与难点：托幼机构常用的通风方式及注意事项	1
			2) 托幼机构常用的通风方式及注意事项		
		(2) 不同情况下的通风	1) 根据季节的变化开窗通风	(1) 方法：讲授法、案例教学法、讨论法 (2) 重点与难点：根据不同情况确定通风的时间和方式	1
			2) 根据天气情况开窗通风		
			3) 根据房间性质开窗通风		
		(3) 特殊情况的清洁	1) 婴幼儿呕吐的原因及呕吐物的隐患和清洁	(1) 方法：讲授法、演示法、实训法、情景表演法、案例教学法 (2) 重点：根据日常需要及时清洁 (3) 难点：清洁过程中的注意事项	3
			2) 婴幼儿腹泻的原因及排泄物的隐患和清洁		
			3) 婴幼儿洒饭后的清洁		
			4) 婴幼儿流鼻血的清洁		
			5) 婴幼儿做值日生时的注意事项		
			6) 清洁过程中的注意事项 ①保持干燥 ②空气净化等		
		(4) 装修房屋启用后的清洁	1) 室内装修污染对婴幼儿健康的危害	(1) 方法：讲授法、讨论法、实训法 (2) 重点与难点：装修后房屋的室内空气净化	2
			2) 装修后房屋的室内环境清洁		
			3) 装修后房屋的室内空气净化 ①摆放绿植 ②放置活性炭等		

续表

模块	课程	学习单元	课程内容	培训建议	课堂学时
1．卫生管理与教育	1-1　清洁	（5）特殊天气下的室内清洁	1）空气干燥时的清洁 2）连续阴雨天气时的清洁 3）大风天气时的清洁 4）雾霾天气时的清洁	（1）方法：讲授法、案例教学法、演示法、实训法 （2）重点与难点：特殊天气时清洁的方法及注意事项	2
	1-2　消毒	（1）消毒方法与药品的选择	1）不同属性物品的消毒方法 2）消毒药品的使用注意事项	（1）方法：讲授法、讨论法、演示法、实训法 （2）重点与难点：不同属性物品的消毒方法	2
		（2）消毒的一般操作程序	1）空气消毒的一般操作程序 2）桌面消毒的一般操作程序 3）地面消毒的一般操作程序 4）玩具消毒的一般操作程序 5）盥洗室消毒的一般操作程序 6）被褥消毒的一般操作程序 7）图书消毒的一般操作程序 8）餐具消毒的一般操作程序	（1）方法：讲授法、案例教学法、演示法、实训法 （2）重点与难点：不同属性物品消毒的一般操作程序	2
		（3）婴幼儿常见传染病的特征及消毒	1）婴幼儿常见传染病的特征 2）根据婴幼儿常见传染病特征进行消毒	（1）方法：讲授法、实训法、案例教学法、演示法、讨论法 （2）重点及难点：根据婴幼儿常见传染病特征进行消毒	2

续表

模块	课程	学习单元	课程内容	培训建议	课堂学时
1．卫生管理与教育	1–3 资产管理	（1）常用的卫生设施、设备及登记	1）常用卫生设施、设备	（1）方法：参观法、讲授法、讨论法 （2）重点：常用卫生设施、设备 （3）难点：卫生设施、设备资产的登记	1
			2）卫生设施、设备资产的登记		
		（2）科学管理设备资产	1）资产管理的一般方法	（1）方法：讲授法、案例教学法、观摩法、实训法 （2）重点与难点：设备资产的科学规范管理	1
			2）设备资产的科学规范管理		
2．生活管理与教育	2–1 进餐、饮水管理与指导	（1）引导婴幼儿不挑食、不偏食	1）常见食物的营养价值	（1）方法：讲授法、案例教学法、项目教学法、角色扮演法 （2）重点：向婴幼儿介绍饭菜的主要营养特点 （3）难点：引导婴幼儿不挑食、不偏食	2
			2）向婴幼儿介绍饭菜的主要营养特点		
			3）向婴幼儿介绍饭菜主要营养特点的实例		
			4）挑食、偏食的害处		
			5）引导婴幼儿不挑食、不偏食的方法		
		（2）指导幼儿独立进餐	1）幼儿独立进餐的意义	（1）方法：讲授法、案例教学法、示范法、讨论法、情境表演法 （2）重点：指导幼儿独立进餐 （3）难点：创设良好的进餐环境	2
			2）幼儿独立进餐的注意事项		
			3）创设良好的进餐物质环境		
			4）创设良好的进餐精神环境		
			5）指导幼儿独立进餐的方法		
		（3）指导幼儿自主进餐	1）幼儿自主取餐的意义	（1）方法：讲授法、案例教学法、观摩法、实训法、讨论法 （2）重点：引导幼儿自主取餐	2
			2）幼儿自主取餐的注意事项		
			3）创设安全方便的取餐环境		

续表

模块	课程	学习单元	课程内容	培训建议	课堂学时
2．生活管理与教育	2-1 进餐、饮水管理与指导	（3）指导幼儿自主进餐	4）引导幼儿自主取餐的方法	（3）难点：创设安全方便的取餐环境	
		（4）引导婴幼儿养成良好的饮水习惯	1）婴幼儿常见饮水问题及解决方法	（1）方法：讲授法、案例教学法、角色扮演法、讨论法、情境表演法 （2）重点：解决婴幼儿饮水中的常见问题 （3）难点：在引导婴幼儿养成良好饮水习惯时尊重婴幼儿的心理感受	1
			2）尊重婴幼儿心理感受，引导其养成良好饮水习惯		
	2-2 盥洗、如厕管理与指导	（1）婴幼儿盥洗、如厕、漱口过程中的常见问题及处理	1）婴幼儿盥洗、如厕、漱口过程中的常见问题	（1）方法：讲授法、案例教学法、演示法、实训法 （2）重点与难点：婴幼儿盥洗、如厕、漱口过程中的常见问题及处理	2
			2）处理婴幼儿盥洗中的问题		
			3）处理婴幼儿如厕中的问题		
			4）处理婴幼儿漱口中的问题		
		（2）指导婴幼儿正确盥洗及整理衣物	1）指导婴幼儿盥洗的总要求	（1）方法：讲授法、演示法、情境表演法、实物示教法、观摩法 （2）重点与难点：婴幼儿盥洗及整理衣物的动作要领	2
			2）指导婴幼儿洗手		
			3）指导婴幼儿洗脸		
			4）指导婴幼儿洗脚		
			5）指导婴幼儿洗澡		
			6）指导婴幼儿刷牙		
			7）指导婴幼儿洗头		
			8）指导婴幼儿整理衣物		
	2-3 睡眠照料	（1）指导婴幼儿独立就寝	1）婴幼儿独立就寝的意义	（1）方法：讲授法、案例教学法、情境表演法、讨论法	2

续表

模块	课程	学习单元	课程内容	培训建议	课堂学时
2．生活管理与教育	2-3　睡眠照料	（1）指导婴幼儿独立就寝	2）婴幼儿独立就寝的注意事项 3）创设独立就寝的环境 4）引导婴幼儿独立就寝的方法	（2）重点：引导婴幼儿独立就寝的方法 （3）难点：婴幼儿独立就寝的注意事项	
		（2）指导婴幼儿进行就寝前后的整理	1）婴幼儿就寝前后独立整理的意义 2）婴幼儿就寝前后独立整理的注意事项 3）引导婴幼儿睡前独立整理 4）引导婴幼儿睡后独立整理	（1）方法：讲授法、案例教学法、情境表演法、讨论法 （2）重点：引导婴幼儿睡前睡后独立整理 （3）难点：婴幼儿独立整理的注意事项	2
		（3）婴幼儿遗尿的预防及处理	1）婴幼儿遗尿的原因 2）婴幼儿遗尿的预防措施 3）正确对待婴幼儿的遗尿 4）对婴幼儿遗尿问题的家园共育策略	（1）方法：讲授法、案例教学法、演示法、项目教学法 （2）重点：婴幼儿遗尿的预防 （3）难点：对婴幼儿遗尿问题的家园共育策略	2
3．健康管理与教育	3-1　健康观察	（1）婴幼儿健康指标及健康检查制度	1）婴幼儿健康指标 2）入托幼机构前的健康检查制度 3）工作人员健康检查制度 4）传染病报告、隔离制度	（1）方法：讲授法、案例教学法、观摩法、讨论法 （2）重点：婴幼儿健康指标 （3）难点：各项健康检查制度	2
		（2）观察与护理生病的婴幼儿	1）对生病婴幼儿的日常护理 2）对发热患儿的观察及护理 3）对呕吐患儿的观察及护理 4）给婴幼儿服药的一般流程与注意事项	（1）方法：讲授法、案例教学法、观摩法、实训法 （2）重点：对生病婴幼儿的日常护理 （3）难点：给婴幼儿服药的一般流程与注意事项	2

续表

模块	课程	学习单元	课程内容	培训建议	课堂学时
3．健康管理与教育	3-1 健康观察	(3) 常见传染病患儿的发现、登记与隔离	1）常见传染病的一般预防措施 2）常见传染病的一般隔离措施 3）常见传染病患儿的发现、登记与隔离	(1) 方法：讲授法、案例教学法、观摩法、实训法 (2) 重点与难点：常见传染病患儿的发现、登记与隔离	2
		(4) 预防接种后的婴幼儿护理	1）预防接种的意义及疫苗的主要类型 2）预防接种后的护理要求及注意事项 3）发现接种后的异常问题并及时处理 4）预防接种异常问题实例	(1) 方法：讲授法、案例教学法、实训法、演示法 (2) 重点与难点：发现接种后的异常问题并及时处理	2
	3-2 体格检查	(1) 婴幼儿体格发育监测	1）婴幼儿体格发育监测知识 2）婴幼儿体格发育监测的方法和流程 3）根据体格发育指标了解婴幼儿的生长发育状况 4）婴幼儿体格发育状况登记	(1) 方法：讲授法、案例教学法、讨论法、实训法 (2) 重点与难点：根据体格发育指标了解婴幼儿的生长发育状况	2
		(2) 发育迟缓儿的过程管理	1）发育迟缓儿的保健管理知识 2）对发育迟缓儿的过程管理	(1) 方法：讲授法、演示法、讨论法、案例教学法 (2) 重点与难点：对发育迟缓儿的过程管理	1
		(3) 婴幼儿体弱的成因、危害及改善措施	1）婴幼儿体弱的成因及危害 2）改善体弱的措施 3）对体弱儿的过程管理	(1) 方法：讲授法、案例教学法、实训法 (2) 重点：改善体弱的措施 (3) 难点：对体弱儿的过程管理	2

续表

模块	课程	学习单元	课程内容	培训建议	课堂学时
3．健康管理与教育	3-3 行为观察与情绪管理	（1）婴幼儿发育行为知识	1）婴幼儿发育行为的基础知识 2）《3～6岁儿童学习与发展指南》中健康领域相关知识	（1）方法：讲授法、讨论法、观摩法 （2）重点与难点：婴幼儿异常行为的识别	1
		（2）儿童发育行为异常的表现、成因及登记	1）吮指癖的表现及成因 2）口吃的表现及成因 3）恋物的表现及成因 4）孤僻的表现及成因 5）发现心理行为异常婴幼儿后的注意事项 6）心理行为异常婴幼儿的登记	（1）方法：讲授法、案例教学法、观摩法、情境表演法 （2）重点与难点：心理行为异常婴幼儿的识别	2
		（3）理解并帮助婴幼儿克服轻微的异常行为	1）帮助婴幼儿克服吮指癖 2）帮助婴幼儿克服口吃 3）帮助婴幼儿克服恋物 4）帮助婴幼儿克服孤僻	（1）方法：讲授法、案例教学、情境表演法、实训法、演示法 （2）重点与难点：引导婴幼儿克服异常行为	2
		（4）积极关注和情感支持	1）积极关注和情感支持的意义 2）积极关注的方法 3）情感支持的方法 4）积极支持有特殊需要的婴幼儿实例	（1）方法：讲授法、案例教学法、情境表演法、演示法、实训法 （2）重点与难点：积极关注和情感支持有特殊需要的婴幼儿	2
		（5）鼓励幼儿表达情绪	1）鼓励幼儿表达情绪的意义 2）引导幼儿表达情绪的环境创设 3）引导幼儿表达情绪的方法 4）引导幼儿表达情绪的实例	（1）方法：讲授法、案例教学法、演示法、情境表演法、实训法 （2）重点：引导幼儿表达情绪的方法 （3）难点：引导幼儿表达情绪的环境创设	2

续表

模块	课程	学习单元	课程内容	培训建议	课堂学时
3．健康管理与教育	3-3 行为观察与情绪管理	（6）鼓励幼儿分享情感	1）鼓励幼儿分享情感的意义 2）引导幼儿分享情感的环境创设 3）引导幼儿分享情感的方法 4）引导幼儿分享情感的实例	（1）方法：讲授法、案例教学法、演示法、情境表演法、实训法 （2）重点：引导幼儿分享情感的方法 （3）难点：引导幼儿分享情感的环境创设	2
4．辅助教育活动与家长工作	4-1 辅助室内教育活动	（1）常见游戏的分类、活动内容及组织	1）角色游戏的内容及组织 2）结构游戏的内容及组织 3）表演游戏的内容及组织 4）益智游戏的内容及组织	（1）方法：讲授法、案例教学法、实训法、演示法、观摩法 （2）重点与难点：常见游戏的内容及组织	2
		（2）参与游戏的教学组织	1）参与婴幼儿游戏的教学组织 2）参与婴幼儿游戏教学组织实例	（1）方法：讲授法、案例教学法、实训法、演示法、情境表演法 （2）重点与难点：参与婴幼儿游戏的教学组织	1
		（3）协助教师进行环境创设	1）环境创设的方法 2）保育员协助教师进行环境创设的要求 3）协助教师进行室内物质环境创设 4）协助教师进行精神环境创设	（1）方法：讲授法、案例教学法、实训法、演示法 （2）重点：协助教师进行环境创设的要求 （3）难点：协助教师进行各类环境创设	2
		（4）婴幼儿多动的成因、危害及正确引导	1）婴幼儿多动的成因及危害 2）对多动儿的正确认识 3）引导多动儿参与教育活动 4）改善多动的小游戏	（1）方法：讲授法、案例教学法、实训法、演示法 （2）重点与难点：引导多动儿参与教育活动	2

续表

模块	课程	学习单元	课程内容	培训建议	课堂学时
4．辅助教育活动与家长工作	4-1　辅助室内教育活动	(5) 婴幼儿胆怯的成因、危害及正确引导	1) 婴幼儿胆怯的成因及危害 2) 对胆怯儿的正确认识 3) 对胆怯儿的引导方式 4) 引导胆怯儿参与教育活动实例	(1) 方法：讲授法、案例教学法、实训法、演示法 (2) 重点与难点：引导胆怯儿参与教育活动	2
	4-2　辅助室外教育活动	(1) 协助教师进行室外体操游戏活动	1) 婴幼儿体操的类型和特点 2) 组织婴幼儿体操活动的流程 3) 体操活动中的安全防护工作 4) 体操活动中保育员的其他工作	(1) 方法：讲授法、案例教学法、实训法、演示法、项目教学法 (2) 重点：体操活动中保育员的工作 (3) 难点：体操活动中的安全防护	2
		(2) 协助教师进行室外体育游戏活动	1) 婴幼儿室外体育游戏活动的类型和特点 2) 组织婴幼儿室外体育游戏活动的流程 3) 室外体育游戏活动中的安全防护工作 4) 室外体育游戏活动中保育员的其他工作	(1) 方法：讲授法、案例教学法、实训法、演示法、项目教学法 (2) 重点：室外体育游戏活动中保育员的工作 (3) 难点：室外体育游戏活动中的安全防护	2
		(3) 照顾体弱儿参与室外活动	1) 体弱儿的护理方法 2) 室外活动过程中对体弱儿的个别指导	(1) 方法：讲授法、实训法、演示法、案例教学法 (2) 重点与难点：室外活动过程中对体弱儿的个别指导	1
		(4) 照顾肥胖儿参与室外活动	1) 婴幼儿肥胖的成因及危害 2) 改善肥胖的措施 3) 肥胖儿的护理方法 4) 室外活动过程中对肥胖儿的个别指导	(1) 方法：讲授法、实训法、演示法、案例教学法 (2) 重点与难点：室外活动过程中对肥胖儿的个别指导	2

续表

模块	课程	学习单元	课程内容	培训建议	课堂学时
4. 辅助教育活动与家长工作	4–2 辅助室外教育活动	（5）室外活动中婴幼儿不安全行为的观察及干预	1）观察婴幼儿行为的重要性 2）观察婴幼儿行为的方法 3）观察婴幼儿行为的注意事项 4）对婴幼儿不安全行为的干预	（1）方法：讲授法、实训法、演示法、案例教学法 （2）重点：观察婴幼儿的行为 （3）难点：观察婴幼儿行为的注意事项	2
	4–3 家长工作指导	（1）依据保育工作记录与家长沟通交流	1）保育工作记录的意义、类型和注意事项 2）保育工作记录的格式与要求 3）保育工作记录在与家长沟通交流中的作用 4）使用保育工作记录与家长沟通实例	（1）方法：讲授法、实训法、演示法、观摩法、案例教学法 （2）重点：保育工作记录的格式与要求 （3）难点：使用保育工作记录与家长沟通	2
		（2）协助教师组织家园共育活动	1）家园共育活动的主要类型 2）家长会中保育员的工作 3）家长开放日中保育员的工作 4）亲子趣味活动中保育员的工作 5）家庭教育经验交流会中保育员的工作 6）家长进课堂活动中保育员的工作	（1）方法：讲授法、实训法、演示法、案例教学法 （2）重点与难点：常见家园共育活动中保育员的工作	2
课堂学时合计					80

2.2.4　三级 / 高级职业技能培训课程规范

模块	课程	学习单元	课程内容	培训建议	课堂学时
1．卫生管理与教育	1-1　卫生管理	（1）参与卫生清洁制度的制定、修订并提出合理化建议	1）制定托幼、福利机构卫生、清洁制度的依据和原则	（1）方法：讲授法、案例教学法、讨论法 （2）重点与难点：对卫生、清洁制度提出合理化建议	2
			2）制定托幼、福利机构卫生、清洁制度的流程		
			3）托幼、福利机构卫生、清洁制度样例及修订		
			4）对卫生、清洁制度提出合理化建议		
		（2）环境中可能危害婴幼儿健康的因素识别	1）空气及水污染	（1）方法：讲授法、案例教学法、实训法 （2）重点与难点：及时发现可能危害婴幼儿健康的因素	2
			2）及时发现可能危害婴幼儿健康的因素实例		
		（3）运用体验式教育培养幼儿的良好卫生习惯	1）体验式教育及其作用	（1）方法：讲授法、案例教学法、情景表演法、实训法 （2）重点与难点：运用体验式教育培养幼儿的良好卫生习惯	2
			2）运用体验式教育培养幼儿餐后的良好卫生习惯		
			3）运用体验式教育培养幼儿如厕的良好卫生习惯		
			4）运用体验式教育培养幼儿良好的个人卫生习惯		
	1-2　消毒管理	（1）常见传染病的终末消毒	1）终末消毒的概念及方法	（1）方法：讲授法、案例教学法、观摩法、实训法 （2）重点与难点：常见呼吸道、消化道及接触性传染病的终末消毒	2
			2）常见呼吸道传染病的终末消毒		
			3）常见消化道传染病的终末消毒		
			4）常见接触性传染病的终末消毒		

续表

模块	课程	学习单元	课程内容	培训建议	课堂学时
1．卫生管理与教育	1-2　消毒管理	（2）发现传染病患儿后的紧急处理	1）疑似传染病患儿的隔离	（1）方法：讲授法、参观法、案例教学法、实训法 （2）重点：对疑似传染病患儿进行隔离 （3）难点：对疑似传染病患儿的接触者进行检疫	1
			2）疑似传染病患儿接触者的检疫		
	1-3　人员管理	（1）一日保育工作流程管理	1）托幼、福利机构保育人员工作管理规范	（1）方法：讲授法、案例教学法、实训法 （2）重点与难点：一日保育工作流程管理	1
			2）一日保育工作流程管理的方法		
		（2）保育工作教研	1）开展保育工作教研的意义	（1）方法：讲授法、案例教学法、实训法 （2）重点与难点：保育工作教研的组织	1
			2）保育工作教研活动的组织		
		（3）解决保育工作中出现的常见问题	1）保育中常见问题的解决方案	（1）方法：讲授法、案例教学法、实训法 （2）重点与难点：保育中常见问题的处理	1
			2）解决保育工作中常见问题的实例		
2．生活管理与教育	2-1　进餐指导	（1）体弱儿及需要特殊照料期婴幼儿进餐活动的个别指导	1）婴幼儿体弱的饮食原因	（1）方法：讲授法、案例教学法、实训法 （2）重点：体弱儿的饮食调理	3
			2）体弱儿的饮食调理知识		
			3）对营养不良婴幼儿的进餐指导		
			4）对反复呼吸道感染婴幼儿的进餐指导		
			5）对过敏体质婴幼儿的进餐指导		

续表

模块	课程	学习单元	课程内容	培训建议	课堂学时
2．生活管理与教育	2-1 进餐指导	（1）体弱儿及需要特殊照料期婴幼儿进餐活动的个别指导	6）对患有维生素D缺乏症婴幼儿的进餐指导	（3）难点：需特殊照料期如营养不良、反复呼吸道感染、过敏体质、患有维生素D缺乏症、发育迟缓婴幼儿的饮食指导	
			7）对发育迟缓婴幼儿的饮食指导		
			8）体弱及特殊照料期婴幼儿饮食的个案记录		
		（2）不同季节的饮食教育	1）婴幼儿的饮食教育概述	（1）方法：讲授法、角色扮演法、案例教学法、实训法 （2）重点与难点：不同季节的饮食教育	2
			2）不同季节的饮食教育		
	2-2 盥洗、如厕管理	（1）观察、发现及处理婴幼儿大、小便的异常	1）腹泻的症状及原因	（1）方法：讲授法、观摩法、案例教学法、实训法 （2）重点与难点：观察并发现婴幼儿小便的异常	3
			2）便秘的症状及原因		
			3）痢疾的症状及原因		
			4）尿频的症状及原因		
			5）尿黄的症状及原因		
			6）尿血的症状及原因		
			7）大、小便异常的识别方法		
			8）大便异常的处理		
			9）小便异常的处理		
		（2）盥洗、如厕问题的应急处理	1）盥洗问题应急处理实例	（1）方法：讲授法、案例教学法、实训法 （2）重点与难点：盥洗、如厕问题的应急处理	2
			2）如厕问题应急处理实例		
	2-3 睡眠观察	（1）发现、判断及处理睡眠过程中婴幼儿的身体异常	1）鼻出血的原因及处理	（1）方法：讲授法、案例教学法、实训法 （2）重点：发现、判断睡眠过程中婴幼儿的身体异常 （3）难点：处理睡眠过程中婴幼儿的身体异常	2
			2）咳嗽的原因及处理		
			3）高热的表现、原因及处理		

续表

模块	课程	学习单元	课程内容	培训建议	课堂学时
2．生活管理与教育	2-3　睡眠观察	(2) 发现、判断及处理睡眠过程中婴幼儿的行为异常	1）发现、判断睡眠过程中婴幼儿的行为异常	(1) 方法：讲授法、案例教学法、实训法 (2) 重点：发现、判断睡眠过程中婴幼儿的行为异常 (3) 难点：处理睡眠过程中婴幼儿的行为异常	3
			2）打鼾的原因及处理		
			3）磨牙的原因及处理		
			4）玩弄生殖器的原因及处理		
			5）夜惊或梦游的原因及处理		
			6）梦魇的原因及处理		
			7）吮吸手指的原因及处理		
			8）玩玩具或被褥的原因及处理		
		(3) 睡眠观察记录及其运用	1）睡眠观察记录的内容	(1) 方法：讲授法、案例教学法、讨论法、实训法 (2) 重点与难点：运用观察记录引导婴幼儿养成良好的睡眠习惯	1
			2）运用观察记录引导婴幼儿养成良好的睡眠习惯		
3．健康管理与教育	3-1　预防伤害	(1) 安全隐患的排查、发现及消除	1）活动场地常见的安全隐患及消除	(1) 方法：讲授法、案例教学法、实训法 (2) 重点：排查、发现各类活动场地、材料、器械、设施及活动过程中的安全隐患 (3) 难点：及时排除安全隐患	3
			2）设备设施常见的安全隐患及消除		
			3）大型体育器械常见的安全隐患及消除		
			4）活动材料常见的安全隐患及消除		
			5）饮水、进餐中常见的安全隐患及消除		
			6）睡眠中常见的安全隐患及消除		
			7）活动和如厕中常见的安全隐患及消除		
			8）婴幼儿生活环境中的安全隐患甄别		

续表

模块	课程	学习单元	课程内容	培训建议	课堂学时
3．健康管理与教育	3-1　预防伤害	（2）婴幼儿常见意外伤害事故处理	1）婴幼儿意外伤害的程度及处理原则	（1）方法：讲授法、案例教学法、实训法、观摩法 （2）重点与难点：及时处理婴幼儿常见意外伤害事故	4
			2）常见小外伤的处理		
			3）脱臼的处理		
			4）摔伤、扭伤及骨折的处理		
			5）异物入体的处理		
			6）食物中毒的处理		
			7）烧、烫伤的处理		
			8）溺水的处理		
			9）触电的处理		
			10）中暑的处理		
	3-2　健康观察	（1）对健康观察提出建议和方案	1）健康观察流程及处理规范	（1）方法：讲授法、案例教学法 （2）重点与难点：对晨、午、晚检和传染病预防提出建议和方案	1
			2）对晨、午、晚检以及传染病预防提出建议和方案		
		（2）对常见病患儿的身体处理和心理疏导	1）发热的基本处理方法	（1）方法：讲授法、案例教学法、角色扮演法 （2）重点：对常见病患儿的身体处理 （3）难点：对常见病患儿的心理疏导	3
			2）呕吐的基本处理方法		
			3）腹泻的基本处理方法		
			4）咳嗽的基本处理方法		
			5）流鼻涕的基本处理方法		
			6）对患儿的心理疏导		
	3-3　健康指导	（1）婴幼儿定期体检结果的分析、评价及在健康指导中的运用	1）婴幼儿体检结果的分析与评价	（1）方法：讲授法、案例教学法、讨论法 （2）重点：对婴幼儿进行健康指导 （3）难点：婴幼儿体检结果分析与评价	2
			2）对体弱儿的健康指导		
			3）对肥胖儿的健康指导		

续表

模块	课程	学习单元	课程内容	培训建议	课堂学时
3．健康管理与教育	3-3 健康指导	（2）对体弱儿家长的健康管理指导	1）对体弱儿家长的健康管理指导 2）对体弱儿家长的健康管理指导实例	（1）方法：讲授法、案例教学法、角色扮演法 （2）重点与难点：对体弱儿家长的健康管理指导	1
		（3）婴幼儿视力、听力、牙齿的保健、问题登记及配合矫治	1）视力保健知识 2）听力保健知识 3）牙齿保健知识 4）视力、听力、牙齿等问题的登记 5）配合矫治婴幼儿的视力、听力、牙齿等问题	（1）方法：讲授法、案例教学法、实训法 （2）重点与难点：配合矫治婴幼儿的视力、听力、牙齿等问题	2
	3-4 行为干预	（1）对发育行为异常婴幼儿的初步干预	1）对发育行为异常的婴幼儿初步干预的方法 2）对发育行为异常的婴幼儿初步干预实例	（1）方法：讲授法、案例教学法、项目教学法 （2）重点与难点：对发育行为异常的婴幼儿初步干预的方法	1
		（2）对心理行为异常婴幼儿的干预及家长沟通	1）对心理行为异常婴幼儿干预的基本方法 2）对心理行为异常的婴幼儿进行干预实例 3）与心理行为异常的婴幼儿家长进行沟通实例	（1）方法：讲授法、案例教学法、项目教学法 （2）重点与难点：对心理行为异常婴幼儿干预的基本方法	2
		（3）在保育过程中积极、正面引导并帮助幼儿增强自信	1）幼儿自我意识的发展及合理对待 2）正面教育的方法 3）帮助幼儿增强自信的方法	（1）方法：讲授法、案例教学法、情景表演法 （2）重点与难点：正面教育的方法	2
4．辅助教育活动与家长工作	4-1 辅助室内教育活动	（1）了解教师的教育计划	1）教育计划的内容及形式 2）教育计划范例 3）保教结合的原则在教育活动中的贯彻	（1）方法：讲授法、案例教学法、实训法 （2）重点与难点：保教结合的原则在教育活动中的贯彻	2

续表

模块	课程	学习单元	课程内容	培训建议	课堂学时
4．辅助教育活动与家长工作	4-1 辅助室内教育活动	（2）配合教师进行室内教育活动	1）室内教育活动的教学方法 2）配合教师组织室内教学活动 3）配合教师组织室内区角活动	（1）方法：讲授法、案例教学法、实训法 （2）重点与难点：配合教师进行各领域内的室内教育活动	2
		（3）辅助教师组织游戏和教育活动	1）室内教育活动的形式与内容 2）常见游戏活动的一般指导方法 3）辅助教师组织婴幼儿角色游戏 4）辅助教师组织婴幼儿结构游戏 5）辅助教师组织婴幼儿表演游戏 6）辅助教师组织婴幼儿智力游戏	（1）方法：讲授法、案例教学法、实训法、角色扮演法 （2）重点与难点：辅助教师组织婴幼儿的不同游戏活动	2
		（4）婴幼儿发展规律在教育教学中的应用	1）婴幼儿感知觉发展规律在教育教学中的应用 2）婴幼儿注意力的发展规律在教育教学中的应用 3）婴幼儿记忆的发展规律在教育教学中的应用 4）婴幼儿思维的发展规律在教育教学中的应用 5）婴幼儿想象力的发展规律在教育教学中的应用	（1）方法：讲授法、案例教学法、讨论法 （2）重点与难点：婴幼儿发展规律在教育教学中的应用	2
		（5）协助教师进行玩具、教具制作	1）玩具、教具对婴幼儿发展的意义 2）制作玩具、教具的原则 3）纸质玩具、教具的制作 4）泥塑玩具、教具的制作	（1）方法：讲授法、实训法、实物示教法	4

续表

模块	课程	学习单元	课程内容	培训建议	课堂学时
4．辅助教育活动与家长工作	4-1 辅助室内教育活动	（5）协助教师进行玩具、教具制作	5）利用废旧物品制作玩具、教具	（2）重点与难点：制作玩具、教具的原则及各种玩具、教具的制作	
			6）纸质玩具、教具制作：小风车		
			7）泥塑玩具、教具制作：橡皮泥玩具		
			8）利用废旧物品制作玩具、教具：蛋壳不倒翁		
			9）利用废旧物品制作玩具、教具：塑料瓶小铲子		
			10）协助教师进行玩具、教具制作过程中的工作及注意事项		
	4-2 辅助室外教育活动	（1）参与组织婴幼儿室外教育活动	1）婴幼儿体质测定及基本动作要领	（1）方法：讲授法、案例教学法、实训法 （2）重点与难点：参与组织各类室外教育活动	2
			2）参与组织婴幼儿进行室外体育活动		
			3）参与组织婴幼儿进行室外大区域活动		
		（2）根据婴幼儿个体差异进行室外教育活动指导	1）婴幼儿肢体动作发展的一般规律	（1）方法：讲授法、案例教学法、实训法、讨论法 （2）重点与难点：针对婴幼儿个体差异进行指导	2
			2）婴幼儿室外活动的安全防护知识		
			3）针对婴幼儿个体差异进行指导		
	4-3 家长工作指导	（1）为家长提供婴幼儿科学保育的咨询与家庭指导	1）为家长提供科学保育咨询与家庭指导的原则	（1）方法：讲授法、案例教学法、实训法、情景表演法 （2）重点与难点：为家长提供婴幼儿饮食、身体锻炼、秋冬季保健等科学保育的咨询与家庭指导	2
			2）为家长提供婴幼儿饮食咨询与家庭指导		
			3）为家长提供婴幼儿身体锻炼的咨询与家庭指导		
			4）为家长提供婴幼儿秋季保健的咨询与家庭指导		
			5）为家长提供婴幼儿冬季保健的咨询与家庭指导		
			6）为家长提供婴幼儿秋冬季保健咨询与家庭指导实例		

续表

模块	课程	学习单元	课程内容	培训建议	课堂学时
4．辅助教育活动与家长工作	4-3 家长工作指导	(2) 为家长提供婴幼儿早期发展的咨询与家庭指导	1）婴幼儿早期发展分析 2）婴幼儿早期发展家庭指导	(1) 方法：讲授法、案例教学法、实训法、情景表演法 (2) 重点与难点：婴幼儿早期发展家庭指导	1
		(3) 运用个案跟踪记录开展家长工作	1）个案跟踪记录的要素及撰写要求 2）运用个案跟踪记录开展家长工作实例	(1) 方法：讲授法、案例教学法、角色扮演法 (2) 重点与难点：运用个案跟踪记录开展家长工作	1
5．培训与指导	5-1 技能培训	(1) 培训的设计和组织	1）培训的目的和类型 2）培训的内容 3）培训的流程 4）培训计划的编制 5）培训的方法 6）课程设计和组织	(1) 方法：讲授法、讨论法、观摩法 (2) 重点与难点：课程设计和组织	2
		(2) 室内、外清洁和日常消毒的技能培训	1）室内、外清洁技能培训实例 2）日常消毒技能培训实例	(1) 方法：讲授法、案例教学法、实训法 (2) 重点与难点：室内、外清洁和日常消毒技能培训	1
		(3) 健康观察、健康指导、心理健康教育、意外伤害处理等技能培训	1）健康观察技能培训实例 2）健康指导技能培训实例 3）心理健康教育技能培训实例 4）意外伤害处理技能培训实例	(1) 方法：讲授法、案例教学法、实训法 (2) 重点与难点：健康观察、健康指导、心理健康教育、意外伤害处理等技能培训	2

续表

模块	课程	学习单元	课程内容	培训建议	课堂学时
5. 培训与指导	5-1 技能培训	(4) 辅助室内外教育活动、家长工作指导等配合教育的技能培训	1) 辅助室内教育活动的技能培训实例 2) 辅助室外教育活动的技能培训实例 3) 家长工作指导的技能培训实例	(1) 方法：讲授法、案例教学法、实训法 (2) 重点与难点：辅助室内外教育活动、家长工作指导等配合教育的技能培训	1
	5-2 工作指导	(1) 指导日常工作并辅助解决出现的各类问题	1) 婴幼儿保育工作常见问题 2) 保育员工作经验交流、分享、指导的方法 3) 日常保育工作中可能出现问题的指导	(1) 方法：讲授法、案例教学法、实训法、讨论法 (2) 重点与难点：日常保育工作中可能出现问题的指导	2
		(2) 纠正在促进婴幼儿发展工作中出现的不适宜行为	1) 保育员在促进婴幼儿发展工作中可能出现的不适宜行为 2) 对在促进婴幼儿发展工作中可能出现的不适宜行为的指导	(1) 方法：讲授法、案例教学法、实训法、讨论法 (2) 重点与难点：对在促进婴幼儿发展工作中可能出现的不适宜行为的指导	1
		(3) 指导婴幼儿家长进行个性化的保育保健	1) 对婴幼儿家长进行个性化保育指导 2) 对婴幼儿家长进行个性化保健指导	(1) 方法：讲授法、案例教学法、实训法、讨论法 (2) 重点与难点：对婴幼儿家长进行个性化保育保健指导	1
		(4) 开展保育保健科普知识讲座	1) 开展保育保健科普知识讲座的流程 2) 开展保育保健科普知识讲座实例	(1) 方法：讲授法、案例教学法、实训法、参观法 (2) 重点与难点：开展保育保健科普知识讲座	1
课堂学时合计					80

2.2.5 培训建议中培训方法说明

（1）讲授法

讲授法指培训教师主要运用语言方式，系统地向培训学员传授知识，传播思想理念。即教师通过叙述、描绘、解释、推论来传递信息、传授知识、阐明概念、论证定律和公式，引导学员获取知识、认识和分析问题。

（2）讨论法

讨论法指在教师的指导下，学员以班级或小组为单位，围绕学习单元的内容，对某一专题进行深入探讨，通过讨论或辩论活动，获得知识或巩固知识的一种教学方法，要求教师在讨论结束时对讨论的主题做归纳性总结。

（3）实训（练习）法

实训（练习）法指学员在教师的指导下巩固知识、运用知识、形成技能技巧的方法。通过实际操作的练习，形成操作技能。

（4）参观法

参观法指教师组织或指导学员进行实地观察、调查、研究和学习，使学员获得新知识或巩固已学知识的教学方法。参观教学法可分为准备性参观、并行性参观、总结性参观等。

（5）演示法

演示法指在教学过程中，教师通过示范操作和讲解使学员获得知识、技能的教学方法。教学中，教师对操作内容进行现场演示，边操作边讲解，强调操作的关键步骤和注意事项，使学员边学边做，理论与技能并重，师生互动，提高学生的学习兴趣和学习效率。

（6）案例教学法

案例教学法指通过对案例进行分析，提出问题，分析问题，并找到解决问题的途径和手段，培养学员分析问题、处理问题的能力。

（7）项目教学法

项目教学法指以实际应用为目的，将理论知识与实际工作相结合，通过师生共同完成一个完整的项目工作，使学员获得知识和实践操作能力与解决实际问题能力的教学方法。其实施以小组为学习单位，步骤一般分为确定项目任务、计划、决策、实施、检查和评价 6 个步骤。强调学员在学习过程中的主体地位，以学员为中心，以学员学习为主、教师指导为辅，通过完成教学项目，激发学员的学习积极性，使学员既获得相关理论知识，又掌握实践技能和工作方法，提高学员解决实际问题的综合能力。

（8）角色扮演法

角色扮演法指学员通过不同角色的扮演，体验自身角色的内涵活动和对方角色的心理，充分展现各种角色的“为”和“位”。在保育员角色扮演中的“角色”一般分为婴幼儿和保育员两大类角色，学员通过角色扮演，学习和运用服务技能，以达到能够对婴幼儿提供服务的标准。

（9）情景表演法

情景表演法指教师在实施培训前事先准备和布置培训现场，并设定情景表演的情景、对话内容及评估标准，通过学员现场的情景表演活动以及教师对活动效果的及时评估，达到培训的预期效果。

（10）实物示教法

实物示教法指教师通过实物的操作演示或对学员实物操作演示的评价，实现对学员技能操作步骤和要领掌握情况的检查、纠错、修正，并演示正确的操作方法的一种教学方法。

（11）观摩法

观摩法指让学员通过现场观摩、观看视频等形式，学习、获取知识、技能的一种教学方法。

2.3 考核规范

2.3.1 职业基本素质培训考核规范

考核范围	考核比重（%）	考核内容	考核比重（%）	考核单元
1．职业认知与职业道德	6	1–1　职业认知	2	职业认知
		1–2　职业道德基本知识	2	道德与职业道德
		1–3　职业守则	2	保育员职业守则

续表

考核范围	考核比重（%）	考核内容	考核比重（%）	考核单元
2．婴幼儿生理、心理教育基本知识	36	2–1　婴幼儿生理学知识	8	（1）婴幼儿生理特点及保育
				（2）婴幼儿生长发育的规律及评价
		2–2　婴幼儿卫生保健知识	6	（1）婴幼儿膳食卫生
				（2）托幼机构保教活动卫生
		2–3　婴幼儿心理学知识	14	（1）婴幼儿心理发展一般特点及保育
				（2）心理发育评价的方法
				（3）婴幼儿心理健康教育
				（4）婴幼儿常见心理卫生问题及保育
		2–4　婴幼儿教育学知识	8	（1）儿童发展观
				（2）学前教育的基本理念
				（3）游戏基础知识
				（4）家—园—社合作共育
3．婴幼儿常见病及常见传染病基础知识	20	3–1　婴幼儿常见病及其保健知识	10	（1）婴幼儿常见病的检查及预防
				（2）婴幼儿常见病的护理方法
				（3）常用婴幼儿急救方法
		3–2　婴幼儿常见传染病及其预防知识	10	（1）传染病基础知识
				（2）婴幼儿常见病毒性传染病及其预防
				（3）婴幼儿常见细菌性传染病及其预防
				（4）婴幼儿常见寄生虫病及其预防
4．婴幼儿安全知识	10	4–1　托幼机构伤害事故	6	（1）托幼机构常见伤害事故的类型
				（2）托幼机构伤害事故的特点及发生的原因
		4–2　婴幼儿伤害预防及紧急处理	4	婴幼儿伤害预防及紧急处理

续表

考核范围	考核比重（%）	考核内容	考核比重（%）	考核单元
5．婴幼儿营养学知识	10	5-1　婴幼儿的营养需要	6	（1）七大营养素基本知识
				（2）营养与婴幼儿发育
		5-2　婴幼儿常见营养问题及合理膳食	4	婴幼儿常见营养问题及合理膳食
6．婴幼儿发育行为知识	6	6-1　婴幼儿发育行为基础知识	2	婴幼儿发育行为及量表评定
		6-2　婴幼儿发育行为障碍	4	婴幼儿发育行为障碍及患儿保育
7．相关环境知识	6	7-1　托幼机构的环境及其利用知识	4	托幼机构的环境及其利用
		7-2　班级环境及其利用知识	2	班级环境创设
8．相关法律、法规知识	6	8-1　相关法律知识	2	相关法律知识
		8-2　相关法规知识	4	相关法规知识

2.3.2　五级 / 初级职业技能培训理论知识考核规范

考核范围	考核比重（%）	考核内容	考核比重（%）	考核单元
1．卫生管理与教育	26	1-1　清洁	12	（1）清洁卫生知识
				（2）婴幼儿活动场所的清洁
				（3）各类设施、用具、玩 / 教具的清洁
				（4）日常用品的清洁、整理与分类摆放
				（5）开窗通风的时间及操作要求
				（6）指导婴幼儿养成良好的卫生习惯
		1-2　消毒	10	（1）消毒知识
				（2）婴幼儿活动场所及各类设施、用具和玩 / 教具的消毒
				（3）配制常用消毒液

续表

考核范围	考核比重（%）	考核内容	考核比重（%）	考核单元
1．卫生管理与教育		1-3　物品管理	4	（1）班级的物品管理
				（2）清洁、消毒用品使用过程中的安全隐患及排除
2．生活管理与指导	36	2-1　进餐管理与指导	10	（1）控制饭菜的温度
				（2）餐具分发及进餐中的自理能力培养
				（3）根据需要分发、添加饭菜
				（4）指导婴幼儿养成良好的进餐习惯
				（5）指导婴幼儿饭后漱口、正确使用餐巾
		2-2　饮水管理与指导	4	（1）饮水设备的清洁与消毒
				（2）根据具体情况提供温度适宜的饮用水
				（3）指导婴幼儿养成良好的饮水习惯
		2-3　盥洗、如厕管理与指导	10	（1）组织婴幼儿盥洗，培养盥洗习惯
				（2）指导婴幼儿大小便与便后清洁
				（3）及时提醒婴幼儿大小便
		2-4　睡眠照料	8	（1）为婴幼儿营造良好、安全的睡眠环境
				（2）帮助婴幼儿穿脱衣服、鞋子，晾被、叠被、整理铺床
				（3）婴幼儿睡眠护理
				（4）指导婴幼儿养成良好的睡眠习惯
		2-5　物品管理	4	（1）班级设施、设备、用具管理
				（2）及时发现并处理生活物品使用过程中的不安全因素

续表

考核范围	考核比重（%）	考核内容	考核比重（%）	考核单元
3. 健康管理与教育	23	3-1 健康观察	9	（1）协助教师进行晨、午、晚检
				（2）婴幼儿健康状况全日观察
		3-2 体格检查	4	（1）配合教师和保健医（员）为婴幼儿定期体检
				（2）“三浴”锻炼
		3-3 情绪管理	10	（1）婴幼儿心理环境营造及心理保健知识
				（2）不同场景下婴幼儿愉快的健康心理环境营造
				（3）婴幼儿个别心理需求和感受的识别与满足
				（4）帮助婴幼儿进行简单情绪管理
4. 辅助教育活动与家长工作	15	4-1 辅助室内教育活动	6	（1）室内活动前的准备、活动中的配合及活动后的整理
				（2）婴幼儿不良姿势的纠正
				（3）室内活动场地安全隐患排除
		4-2 辅助室外教育活动	5	（1）室外活动准备及收尾整理
				（2）提醒婴幼儿增减衣服
				（3）室外活动中婴幼儿危险行为的发现及制止
		4-3 家长工作指导	4	（1）与家长沟通的方式、方法及技巧
				（2）正面、积极评价和描述婴幼儿的表现

2.3.3　五级 / 初级职业技能培训操作技能考核规范

考核范围	考核比重（%）	考核内容	考核比重（%）	考核形式	选考方式	考核时间（分钟）	重要程度
1．卫生管理与教育	20	1–1　清洁	8	实操 + 口试	必考	10	X
		1–2　消毒	8	实操 + 口试	必考	10	X
		1–3　物品管理	4	实操 + 口试	必考	5	X
2．生活管理与指导	35	2–1　进餐管理与指导	10	实操 + 口试	必考	10	X
		2–2　饮水管理与指导	4	实操 + 口试	必考	5	X
		2–3　盥洗、如厕管理与指导	10	实操 + 口试	必考	10	X
		2–4　睡眠照料	8	实操 + 口试	必考	5	X
		2–5　物品管理	3	实操 + 口试	必考	5	X
3．健康管理与教育	20	3–1　健康观察	8	实操 + 口试	必考	10	X
		3–2　体格检查	4	实操 + 口试	必考	5	X
		3–3　情绪管理	8	实操 + 口试	必考	5	X
4．辅助教育活动与家长工作	25	4–1　辅助室内教育活动	10	实操 + 口试	必考	10	X
		4–2　辅助室外教育活动	10	实操 + 口试	必考	10	X
		4–3　家长工作指导	5	实操 + 口试	必考	5	X

说明：重要程度“X”表示核心要素，是鉴定中最重要、出现频率最高的内容，下同。

2.3.4　四级 / 中级职业技能培训理论知识考核规范

考核范围	考核比重（%）	考核内容	考核比重（%）	考核单元
1．卫生管理与教育	25	1–1　清洁	12	（1）常用的通风方式
				（2）不同情况下的通风
				（3）特殊情况的清洁
				（4）装修房屋启用后的清洁
				（5）特殊天气下的室内清洁

续表

考核范围	考核比重（%）	考核内容	考核比重（%）	考核单元
1．卫生管理与教育		1-2　消毒	10	（1）消毒方法与药品的选择
				（2）消毒的一般操作程序
				（3）婴幼儿常见传染病的特征及消毒
		1-3　资产管理	3	（1）常用的卫生设施、设备及登记
				（2）科学管理设备资产
2．生活管理与教育	25	2-1　进餐、饮水管理与指导	11	（1）引导婴幼儿不挑食、不偏食
				（2）指导幼儿独立进餐
				（3）指导幼儿自主进餐
				（4）引导婴幼儿养成良好的饮水习惯
		2-2　盥洗、如厕管理与指导	8	（1）婴幼儿盥洗、如厕、漱口过程中的常见问题及处理
				（2）指导婴幼儿正确盥洗及整理衣物
		2-3　睡眠照料	6	（1）指导婴幼儿独立就寝
				（2）指导婴幼儿进行就寝前后的整理
				（3）婴幼儿遗尿的预防及处理
3．健康管理与教育	25	3-1　健康观察	8	（1）婴幼儿健康指标及健康检查制度
				（2）观察与护理生病的婴幼儿
				（3）常见传染病患儿的发现、登记与隔离
				（4）预防接种后的婴幼儿护理
		3-2　体格检查	5	（1）婴幼儿体格发育监测
				（2）发育迟缓儿的过程管理
				（3）婴幼儿体弱的成因、危害及改善措施
		3-3　行为观察与情绪管理	12	（1）婴幼儿发育行为知识
				（2）儿童发育行为异常的表现、成因及登记

续表

考核范围	考核比重（%）	考核内容	考核比重（%）	考核单元
3．健康管理与教育		3–3　行为观察与情绪管理		（3）理解并帮助婴幼儿克服轻微的异常行为
				（4）积极关注和情感支持
				（5）鼓励幼儿表达情绪
				（6）鼓励幼儿分享情感
4．辅助教育活动与家长工作	25	4–1　辅助室内教育活动	10	（1）常见游戏的分类、活动内容及组织
				（2）参与游戏的教学组织
				（3）协助教师进行环境创设
				（4）婴幼儿多动的成因、危害及正确引导
				（5）婴幼儿胆怯的成因、危害及正确引导
		4–2　辅助室外教育活动	10	（1）协助教师进行室外体操游戏活动
				（2）协助教师进行室外体育游戏活动
				（3）照顾体弱儿参与室外活动
				（4）照顾肥胖儿参与室外活动
				（5）室外活动中婴幼儿不安全行为的观察及干预
		4–3　家长工作指导	5	（1）依据保育工作记录与家长沟通交流
				（2）协助教师组织家园共育活动

2.3.5　四级 / 中级职业技能培训操作技能考核规范

考核范围	考核比重（%）	考核内容	考核比重（%）	考核形式	选考方式	考核时间（分钟）	重要程度
1．卫生管理与教育	20	1–1　清洁	10	实操 + 口试	必考	10	X
		1–2　消毒	8	实操 + 口试	必考	10	X
		1–3　资产管理	2	实操 + 口试	必考	5	X

续表

考核范围	考核比重（%）	考核内容	考核比重（%）	考核形式	选考方式	考核时间（分钟）	重要程度
2．生活管理与教育	30	2-1　进餐、饮水管理与指导	12	实操＋口试	必考	10	X
		2-2　盥洗、如厕管理与指导	10	实操＋口试	必考	10	X
		2-3　睡眠照料	8	实操＋口试	必考	5	X
3．健康管理与教育	23	3-1　健康观察	8	实操＋口试	必考	5	X
		3-2　体格检查	5	实操＋口试	必考	5	X
		3-3　行为观察与情绪管理	10	实操＋口试	必考	10	X
4．辅助教育活动与家长工作	27	4-1　辅助室内教育活动	10	实操＋口试	必考	10	X
		4-2　辅助室外教育活动	10	实操＋口试	必考	10	X
		4-3　家长工作指导	7	实操＋口试	必考	5	X

2.3.6　三级／高级职业技能培训理论知识考核规范

考核范围	考核比重（%）	考核内容	考核比重（%）	考核单元
1．卫生管理与教育	17	1-1　卫生管理	10	（1）参与卫生清洁制度的制定、修订并提出合理化建议
				（2）环境中可能危害婴幼儿健康的因素识别
				（3）运用体验式教育培养幼儿的良好卫生习惯
		1-2　消毒管理	4	（1）常见传染病的终末消毒
				（2）发现传染病患儿后的紧急处理
		1-3　人员管理	3	（1）一日保育工作流程管理
				（2）保育工作教研
				（3）解决保育工作中出现的常见问题

续表

考核范围	考核比重（%）	考核内容	考核比重（%）	考核单元
2．生活管理与教育	18	2–1　进餐指导	6	（1）体弱儿及需要特殊照料期婴幼儿进餐活动的个别指导
				（2）不同季节的饮食教育
		2–2　盥洗、如厕管理	6	（1）观察、发现及处理婴幼儿大、小便的异常
				（2）盥洗、如厕问题的应急处理
		2–3　睡眠观察	6	（1）发现、判断及处理睡眠过程中婴幼儿的身体异常
				（2）发现、判断及处理睡眠过程中婴幼儿的行为异常
				（3）睡眠观察记录及其运用
3．健康管理与教育	28	3–1　预防伤害	12	（1）安全隐患的排查、发现及消除
				（2）婴幼儿常见意外伤害事故处理
		3–2　健康观察	6	（1）对健康观察提出建议和方案
				（2）对常见病患儿的身体处理和心理疏导
		3–3　健康指导	5	（1）婴幼儿定期体检结果的分析、评价及在健康指导中的运用
				（2）对体弱儿家长的健康管理指导
				（3）婴幼儿视力、听力、牙齿的保健、问题登记及配合矫治
		3–4　行为干预	5	（1）对发育行为异常婴幼儿的初步干预
				（2）对心理行为异常婴幼儿的干预及家长沟通
				（3）在保育过程中积极正面引导并帮助幼儿增强自信

续表

考核范围	考核比重（%）	考核内容	考核比重（%）	考核单元
4．辅助教育活动与家长工作	24	4-1　辅助室内教育活动	14	（1）了解教师的教育计划
				（2）配合教师进行室内教育活动
				（3）辅助教师组织游戏和教育活动
				（4）婴幼儿发展规律在教育教学中的应用
				（5）协助教师进行玩具、教具制作
		4-2　辅助室外教育活动	4	（1）参与组织婴幼儿室外教育活动
				（2）根据婴幼儿个体差异进行室外教育活动指导
		4-3　家长工作指导	6	（1）为家长提供婴幼儿科学保育的咨询与家庭指导
				（2）为家长提供婴幼儿早期发展的咨询与家庭指导
				（3）运用个案跟踪记录开展家长工作
5．培训与指导	13	5-1　技能培训	8	（1）培训的设计和组织
				（2）室内、外清洁和日常消毒的技能培训
				（3）健康观察、健康指导、心理健康教育、意外伤害处理等技能培训
				（4）辅助室内外教育活动、家长工作指导等配合教育的技能培训
		5-2　工作指导	5	（1）指导日常工作并辅助解决出现的各类问题
				（2）纠正在促进婴幼儿发展工作中出现的不适宜行为
				（3）指导婴幼儿家长进行个性化的保育保健
				（4）开展保育保健科普知识讲座

2.3.7 三级 / 高级职业技能培训操作技能考核规范

考核范围	考核比重（%）	考核内容	考核比重（%）	考核形式	选考方式	考核时间（分钟）	重要程度
1. 卫生管理与教育	20	1-1 卫生管理	12	实操 + 口试	必考	10	X
		1-2 消毒管理	4	实操 + 口试	必考	5	X
		1-3 人员管理	4	实操 + 口试	必考	5	X
2. 生活管理与教育	20	2-1 进餐指导	8	实操 + 口试	必考	10	X
		2-2 盥洗、如厕管理	6	实操 + 口试	必考	5	X
		2-3 睡眠观察	6	实操 + 口试	必考	5	X
3. 健康管理与教育	26	3-1 预防伤害	10	实操 + 口试	必考	10	X
		3-2 健康观察	6	实操 + 口试	必考	5	X
		3-3 健康指导	5	实操 + 口试	必考	5	X
		3-4 行为干预	5	实操 + 口试	必考	5	X
4. 辅助教育活动与家长工作	24	4-1 辅助室内教育活动	12	实操 + 口试	必考	10	X
		4-2 辅助室外教育活动	6	实操 + 口试	必考	10	X
		4-3 家长工作指导	6	实操 + 口试	必考	5	X
5. 培训与指导	10	5-1 技能培训	6	实操 + 口试	必考	5	X
		5-2 工作指导	4	实操 + 口试	必考	5	X

附录

培训要求与课程规范对照表

附录 1　职业基本素质培训要求与课程规范对照表

2.1.1　职业基本素质培训要求			2.2.1　职业基本素质培训课程规范			
职业基本素质模块（模块）	培训内容（课程）	培训细目	学习单元	课程内容	培训建议	课堂学时
1．职业认知与职业道德	1-1　职业认知	（1）保育员职业简介 （2）保育员的工作内容 （3）保育员的基本素养	职业认知	1）保育员职业概述 ①职业定义 ②职业简介	（1）方法：讲授法、案例教学法 （2）重点：保育员职业定义 （3）难点：沟通技巧	1
				2）保育员的工作内容		
				3）基本礼仪知识		
				4）沟通技巧		
	1-2　职业道德基本知识	（1）“四德”建设的主要内容 （2）社会主义核心价值观 （3）职业道德修养 （4）保育员职业道德规范	道德与职业道德	1）道德 ①道德的含义 ②维持道德的依据 ③公民道德规范 ④社会主义核心价值观	（1）方法：讲授法、案例教学法 （2）重点与难点：保育员职业道德养成，保育员的职业道德规范	1
				2）职业道德 ①职业道德的概念 ②各行业共同的道德内容 ③服务态度、服务质量、职业道德三者的关系 ④加强职业道德修养		
				3）保育员的职业道德规范		
	1-3　职业守则	保育员职业守则	保育员职业守则	1）为人师表，遵纪守法	（1）方法：讲授法、案例教学法 （2）重点与难点：保育员职业守则	1
				2）关爱儿童，平等尊重		
				3）勤奋好学，恪尽职守		
				4）认真观察，合规操作		
				5）文明礼貌，友善协作		
2．婴幼儿生理、心理教育基本知识	2-1　婴幼儿生理学知识	（1）婴幼儿生理特点 （2）婴幼儿生理保育要点 （3）婴幼儿生长发育的规律 （4）婴幼儿生长发育的评价	（1）婴幼儿生理特点及保育	1）婴幼儿运动系统的特点及保育要点	（1）方法：讲授法、演示法	3
				2）婴幼儿呼吸系统的特点及保育要点		
				3）婴幼儿循环系统的特点及保育要点		
				4）婴幼儿消化系统的特点及保育要点		
				5）婴幼儿泌尿系统的特点及保育要点		
				6）婴幼儿皮肤的特点及保育要点		

续表

2.1.1 职业基本素质培训要求			2.2.1 职业基本素质培训课程规范			
职业基本素质模块（模块）	培训内容（课程）	培训细目	学习单元	课程内容	培训建议	课堂学时
2. 婴幼儿生理、心理教育基本知识	2–1 婴幼儿生理学知识	（1）婴幼儿生理特点 （2）婴幼儿生理保育要点 （3）婴幼儿生长发育的规律 （4）婴幼儿生长发育的评价	（1）婴幼儿生理特点及保育	7）婴幼儿内分泌系统的特点及保育要点	（2）重点与难点：婴幼儿生理特点及保育要点	
				8）婴幼儿神经系统的特点及保育要点		
				9）婴幼儿生殖系统的特点及保育要点		
				10）婴幼儿视觉系统的特点及保育要点		
				11）婴幼儿听觉系统的特点及保育要点		
			（2）婴幼儿生长发育的规律及评价	1）婴幼儿生长发育的一般规律	（1）方法：讲授法、实训法 （2）重点：婴幼儿生长发育的评价指标 （3）难点：婴幼儿生长发育的评价方法	1
				2）婴幼儿生长发育的影响因素		
				3）婴幼儿生长发育的评价指标		
				4）婴幼儿生长发育的评价方法		
	2–2 婴幼儿卫生保健知识	（1）婴幼儿膳食卫生 （2）合理安排保教活动 （3）托幼机构保教活动卫生	（1）婴幼儿膳食卫生	1）查验食物的质量	（1）方法：讲授法、案例教学法 （2）重点与难点：查验食物的质量、生熟、卫生及来源	1
				2）查验食物的生熟		
				3）查验食物的卫生		
				4）查验食物的来源		
			（2）托幼机构保教活动卫生	1）合理安排保教活动的婴幼儿生理学基础	（1）方法：讲授法、案例教学法 （2）重点与难点：生活、教学、游戏及室外活动的卫生保健	2
				2）制定合理生活制度的意义		
				3）制定合理生活制度的原则		
				4）生活活动的卫生保健		
				5）教学活动的卫生保健		
				6）游戏活动的卫生保健		
				7）室外体育活动的卫生保健		

续表

2.1.1 职业基本素质培训要求			2.2.1 职业基本素质培训课程规范			
职业基本素质模块（模块）	培训内容（课程）	培训细目	学习单元	课程内容	培训建议	课堂学时
2．婴幼儿生理、心理教育基本知识	2-3 婴幼儿心理学知识	（1）婴幼儿心理发展特点 （2）心理发育评价的方法 （3）婴幼儿的心理健康教育 （4）婴幼儿常见心理卫生问题及保育	（1）婴幼儿心理发展一般特点及保育要点	1）婴幼儿心理发育的总特点	（1）方法：讲授法、案例教学法 （2）重点：婴幼儿动作、语言、感知觉、记忆、思维发展的特点 （3）难点：婴幼儿想象、情绪和情感、个性和气质、自我意识发展的特点	2
				2）婴幼儿动作发展的特点及保育要点		
				3）婴幼儿语言发展的特点及保育要点		
				4）婴幼儿感知觉发展的特点及保育要点		
				5）婴幼儿记忆发展的特点及保育要点		
				6）婴幼儿思维发展的特点及保育要点		
				7）婴幼儿想象发展的特点及保育要点		
				8）婴幼儿情绪和情感发展的特点及保育要点		
				9）婴幼儿个性和气质发展的特点及保育要点		
				10）婴幼儿自我意识发展的特点及保育要点		
			（2）心理发育评价的方法	1）谈话法	（1）方法：讲授法、案例教学法、实训法 （2）重点与难点：观察法、问卷法	1
				2）观察法		
				3）筛选检查法		
				4）问卷法		
			（3）婴幼儿心理健康教育	1）婴幼儿心理健康的意义	（1）方法：讲授法、案例教学法、 （2）重点与难点：婴幼儿心理健康教育的主要内容	1
				2）婴幼儿心理健康的标志		
				3）影响婴幼儿心理健康的因素		
				4）婴幼儿心理健康教育的主要内容		

续表

2.1.1 职业基本素质培训要求			2.2.1 职业基本素质培训课程规范			
职业基本素质模块（模块）	培训内容（课程）	培训细目	学习单元	课程内容	培训建议	课堂学时
2．婴幼儿生理、心理教育基本知识	2-3 婴幼儿心理学知识	(1) 婴幼儿心理发展特点 (2) 心理发育评价的方法 (3) 婴幼儿的心理健康教育 (4) 婴幼儿常见心理卫生问题及保育	(4) 婴幼儿常见心理卫生问题及保育	1）情绪障碍的特点及患儿保育要点 2）睡眠障碍的特点及患儿保育要点 3）品行障碍的特点及患儿保育要点 4）语言发育迟缓的特点及患儿保育要点 5）抽动症的特点及患儿保育要点 6）自闭倾向问题的特点及患儿保育要点 7）儿童恐怖症的特点及患儿保育要点 8）儿童强迫症的特点及患儿保育要点	(1) 方法：讲授法、案例教学法 (2) 重点：情绪障碍、睡眠障碍、语言发育迟缓、抽动症、自闭倾向问题的特点 (3) 难点：品行障碍、恐怖症、强迫症患儿的保育	2
	2-4 婴幼儿教育学知识	(1) 儿童发展观 (2) 学前教育的基本理念 (3) 游戏基础知识 (4) 家—园—社合作共育	(1) 儿童发展观	1）儿童发展的全面观 2）儿童发展的规律性 3）儿童发展的个体差异性 4）学前教育与儿童发展的相互作用	(1) 方法：讲授法、案例教学法 (2) 重点与难点：儿童发展的全面观和规律性	1
			(2) 学前教育的基本理念	1）学前教育的对象、性质、任务 2）保教结合理念 3）现代学前教育的新观念 4）现代学前教育的新趋势	(1) 方法：讲授法、案例教学法 (2) 重点与难点：保教结合理念	1
			(3) 游戏基础知识	1）游戏的作用 2）游戏的分类 3）保育员在游戏中的辅助工作 4）游戏精神在生活活动中的落实	(1) 方法：讲授法、案例教学法 (2) 重点与难点：游戏精神在生活活动中的落实	1

续表

2.1.1 职业基本素质培训要求			2.2.1 职业基本素质培训课程规范			
职业基本素质模块（模块）	培训内容（课程）	培训细目	学习单元	课程内容	培训建议	课堂学时
2．婴幼儿生理、心理教育基本知识	2–4 婴幼儿教育学知识	（1）儿童发展观 （2）学前教育的基本理念 （3）游戏基础知识 （4）家—园—社合作共育	（4）家—园—社合作共育	1）家—园—社区合作共育的意义 2）托幼机构与家庭的合作 3）托幼机构与社区的合作 4）托幼机构与小学的合作	（1）方法：讲授法、案例教学法 （2）重点与难点：托幼机构与家庭的合作	1
3．婴幼儿常见病及常见传染病基础知识	3–1 婴幼儿常见病及其保健知识	（1）婴幼儿常见病的检查及预防 （2）婴幼儿常见病的护理方法 （3）常用婴幼儿急救方法	（1）婴幼儿常见病的检查及预防	1）婴幼儿常见病的一般检查及预防 2）婴幼儿常见病及预防 ①佝偻病 ②单纯性肥胖症 ③缺铁性贫血 ④斜视 ⑤弱视 ⑥近视 ⑦中耳炎 ⑧上呼吸道感染 ⑨支气管肺炎 ⑩扁桃体炎 ⑪龋齿	（1）方法：讲授法、案例教学法、演示法 （2）重点与难点：婴幼儿常见病及预防	3
			（2）婴幼儿常见病的护理方法	1）体温测量法 2）冷敷法 3）热敷法 4）给药法	（1）方法：讲授法、实训法 （2）重点：体温测量法 （3）难点：给药法	1
			（3）常用婴幼儿急救方法	1）心跳呼吸骤停的急救 2）急性中毒的急救 3）出血的急救 4）惊厥的急救	（1）方法：讲授法、案例教学法、实训法 （2）重点与难点：出血和惊厥的急救	1
	3–2 婴幼儿常见传染病及其预防知识		（1）传染病基础知识	1）传染病的特性 2）传染病流行过程的基本环节 3）传染病的主要类型 4）传染病的预防	（1）方法：讲授法、案例教学法 （2）重点与难点：传染病的预防	1

续表

2.1.1 职业基本素质培训要求			2.2.1 职业基本素质培训课程规范			
职业基本素质模块（模块）	培训内容（课程）	培训细目	学习单元	课程内容	培训建议	课堂学时
3．婴幼儿常见病及常见传染病基础知识	3-2 婴幼儿常见传染病及其预防知识	（1）传染病基础知识 （2）婴幼儿常见病毒性传染病及其预防 （3）婴幼儿常见细菌性传染病及其预防 （4）婴幼儿常见寄生虫病及其预防	（2）婴幼儿常见病毒性传染病及其预防	1）麻疹及其预防 2）风疹及其预防 3）幼儿急疹及其预防 4）水痘及其预防 5）流行性感冒及其预防 6）流行性腮腺炎及其预防 7）病毒性肝炎及其预防 8）手足口病及其预防 9）流行性乙型脑炎及其预防 10）带状疱疹及其预防 11）感染性腹泻及其预防 12）流行性出血性结膜炎及其预防	（1）方法：讲授法、案例教学法 （2）重点与难点：婴幼儿常见病毒性传染病及其预防	3
			（3）婴幼儿常见细菌性传染病及其预防	1）百日咳及其预防 2）猩红热及其预防 3）流行性脑脊髓膜炎及其预防 4）细菌性痢疾及其预防	（1）方法：讲授法、案例教学法 （2）重点与难点：婴幼儿细菌性传染病及其防治	1
			（4）婴幼儿常见寄生虫病及其预防	1）蛔虫病、蛲虫病及其预防 2）钩虫病及其预防 3）绦虫病及其预防 4）血吸虫病及其预防	（1）方法：讲授法、案例教学法 （2）重点与难点：蛔虫病、蛲虫病及其预防	1
4．婴幼儿安全知识	4-1 托幼机构伤害事故	（1）托幼机构常见伤害事故的类型 （2）托幼机构伤害事故的特点 （3）托幼机构伤害事故发生的原因	（1）托幼机构常见伤害事故的类型	1）设施设备伤害 2）保育教育伤害 3）婴幼儿自身伤害 4）婴幼儿走失 5）不良人员侵入 6）园外活动伤害 7）灾害伤害	（1）方法：讲授法、案例教学法 （2）重点与难点：设施设备伤害、保育教育伤害、婴幼儿自身伤害	2
			（2）托幼机构伤害事故的特点及发生的原因	1）托幼机构意外伤害的特点 2）托幼机构常见事故发生的原因	（1）方法：讲授法、案例教学法 （2）重点与难点：托幼机构常见事故发生的原因	1

续表

2.1.1 职业基本素质培训要求			2.2.1 职业基本素质培训课程规范			
职业基本素质模块（模块）	培训内容（课程）	培训细目	学习单元	课程内容	培训建议	课堂学时
4．婴幼儿安全知识	4–2 婴幼儿伤害预防及紧急处理	（1）婴幼儿常见伤害事故 （2）婴幼儿伤害预防 （3）婴幼儿伤害的紧急处理	婴幼儿伤害预防及紧急处理	1）班级中的安全常识 ①活动室环境和玩具的安全 ②班级活动的安全 ③着装安全 ④防火、防震安全 ⑤晨、午、晚检的安全 ⑥积极预防外来侵犯	（1）方法：讲授法、案例教学法 （2）重点与难点：班级中的安全常识	2
				2）婴幼儿意外伤害的紧急处理原则		
				3）意外伤害的紧急处理方法 ①跌伤 / 磕伤 / 擦伤 ②烫伤 ③挤压伤 ④切割伤 ⑤骨折 ⑥食物中毒 ⑦触电或溺水 ⑧异物伤害		
5．婴幼儿营养学知识	5–1 婴幼儿的营养需要	（1）七大营养素基本知识 （2）营养与婴幼儿发育	（1）七大营养素基本知识	1）蛋白质	（1）方法：讲授法 （2）重点与难点：蛋白质、水	2
				2）脂类		
				3）碳水化合物		
				4）膳食纤维		
				5）维生素		
				6）无机盐		
				7）水		
			（2）营养与婴幼儿发育	1）营养与婴幼儿身体发育	（1）方法：讲授法、案例教学法 （2）重点与难点：营养与婴幼儿身体、大脑发育	1
				2）营养与婴幼儿大脑发育		
				3）婴幼儿对热量的需要		
				4）婴幼儿对产能营养素及非产能营养素的需要		

续表

2.1.1 职业基本素质培训要求			2.2.1 职业基本素质培训课程规范			
职业基本素质模块（模块）	培训内容（课程）	培训细目	学习单元	课程内容	培训建议	课堂学时
5．婴幼儿营养学知识	5-2 婴幼儿常见营养问题及合理膳食	（1）婴幼儿常见营养问题 （2）婴儿的合理膳食 （3）幼儿的合理膳食	婴幼儿常见营养问题及合理膳食	1）婴幼儿常见营养问题 ①营养素缺乏 ②营养素过量及不平衡	（1）方法：讲授法、案例教学法 （2）重点与难点：幼儿的合理膳食	2
				2）婴儿的合理膳食 ①母乳喂养 ②人工喂养及辅食添加		
				3）幼儿的合理膳食 ①合理安排幼儿膳食的意义及原则 ②幼儿合理膳食的主要内容 ③幼儿食谱的制定和评价 ④培养幼儿良好的饮食习惯		
6．婴幼儿发育行为知识	6-1 婴幼儿发育行为基础知识	（1）婴幼儿发育行为概述 （2）婴幼儿发育行为量表评定	婴幼儿发育行为及量表评定	1）婴幼儿发育行为的规律及影响因素	（1）方法：讲授法、案例教学法 （2）重点：婴幼儿发育行为的规律及影响因素 （3）难点：0～6岁儿童发育行为评估	1
				2）婴幼儿发育行为评定		
				3）0～6岁儿童发育行为评估		
	6-2 婴幼儿发育行为障碍	（1）婴幼儿发育行为障碍的特点 （2）发育行为障碍患儿的保育	婴幼儿发育行为障碍及患儿保育	1）注意力缺陷多动障碍的特点及患儿保育要点	（1）方法：讲授法、案例教学法 （2）重点与难点：婴幼儿发育行为障碍的特点及保育要点	2
				2）发育性运动协调障碍的特点及患儿保育要点		
				3）脑瘫的特点及患儿保育要点		
				4）智障的特点及患儿保育要点		
				5）听力损害的特点及患儿保育要点		
				6）视力损害的特点及患儿保育要点		
				7）癫痫的特点及患儿保育要点		
				8）生长发育迟缓的特点及患儿保育要点		

续表

2.1.1　职业基本素质培训要求			2.2.1　职业基本素质培训课程规范			
职业基本素质模块（模块）	培训内容（课程）	培训细目	学习单元	课程内容	培训建议	课堂学时
7．相关环境知识	7-1　托幼机构的环境及其利用知识	(1) 托幼机构环境的特点 (2) 托幼机构环境创设的原则和要求 (3) 托幼机构环境创设的过程及误区	托幼机构的环境及其利用	1）托幼机构环境的特点 2）托幼机构环境创设的意义 3）托幼机构环境创设的基本原则 4）托幼机构环境创设的基本要求 5）托幼机构环境创设的过程 6）托幼机构环境创设的误区	(1) 方法：讲授法、案例教学法、观摩法 (2) 重点与难点：环境创设的基本原则和要求	2
	7-2　班级环境及其利用知识	(1) 班级物质环境的创设 (2) 班级精神环境的创设	班级环境创设	1）班级室内物质环境的创设 2）班级室外物质环境的创设 3）班级精神环境的创设	(1) 方法：讲授法、案例教学法、观摩法 (2) 重点与难点：班级室内、外物质环境的创设	1
8．相关法律、法规知识	8-1　相关法律知识	(1)《中华人民共和国未成年人保护法》相关知识 (2)《中华人民共和国教育法》相关知识 (3)《中华人民共和国劳动法》相关知识	相关法律知识	1）《中华人民共和国未成年人保护法》相关知识 2）《中华人民共和国教育法》相关知识 3）《中华人民共和国劳动法》相关知识	(1) 方法：讲授法、案例教学法 (2) 重点与难点：《中华人民共和国未成年人保护法》和《中华人民共和国教育法》相关知识	1
	8-2　相关法规知识	(1)《幼儿园教育指导纲要（试行）》相关知识 (2)《幼儿园工作规程》相关知识 (3)《幼儿园饮食卫生条例》相关知识 (4)《幼儿教师专业标准》相关知识 (5)《托儿所、幼儿园卫生保健管理办法》相关知识	相关法规知识	1）《幼儿园教育指导纲要（试行）》相关知识 2）《幼儿园工作规程》相关知识 3）《幼儿园饮食卫生条例》相关知识 4）《幼儿教师专业标准》相关知识 5）《托儿所、幼儿园卫生保健管理办法》相关知识	(1) 方法：讲授法、案例教学法	2

续表

2.1.1 职业基本素质培训要求			2.2.1 职业基本素质培训课程规范			
职业基本素质模块（模块）	培训内容（课程）	培训细目	学习单元	课程内容	培训建议	课堂学时
8. 相关法律、法规知识	8–2 相关法规知识	(6)《托儿所、幼儿园卫生保健工作规范》相关知识 (7)《3～6岁儿童学习与发展指南》相关知识 (8)《全国家庭教育指导大纲》相关知识	相关法规知识	6)《托儿所、幼儿园卫生保健工作规范》相关知识 7)《3～6岁儿童学习与发展指南》相关知识 8)《全国家庭教育指导大纲》相关知识	(2) 重点与难点：《托儿所、幼儿园卫生保健管理办法》《托儿所、幼儿园卫生保健工作规范》《3～6岁儿童学习与发展指南》相关知识	
课堂学时合计						50

附录 2　五级 / 初级职业技能培训要求与课程规范对照表

2.1.2 五级 / 初级职业技能培训要求				2.2.2 五级 / 初级职业技能培训课程规范			
职业功能模块（模块）	培训内容（课程）	技能目标	培训细目	学习单元	课程内容	培训建议	课堂学时
1. 卫生管理与教育	1–1 清洁	1–1–1 能按程序清洁婴幼儿活动场所及各类设施、用具、玩具，保持室内无污垢、无异味、无蚊蝇，地面干燥、洁净	(1) 清洁婴幼儿活动场所 (2) 清洁各类设施、用具、玩 / 教具 (3) 防治“四害”	(1) 清洁卫生知识	1) 清洁卫生的一般操作程序和注意事项 2) 细菌和病毒感染、传播的相关知识 3)“四害”的防治 ①老鼠 ②苍蝇 ③蚊子 ④蟑螂	(1) 方法：讲授法、案例教学法、讨论法 (2) 重点与难点：清洁卫生的一般操作程序和注意事项	2
				(2) 婴幼儿活动场所的清洁	1) 活动室清洁的操作程序和注意事项 2) 睡眠室清洁的操作程序和注意事项 3) 盥洗室清洁的操作程序和注意事项	(1) 方法：讲授法、案例教学法、实训法 (2) 重点与难点：婴幼儿活动场所的清洁	2

续表

2.1.2 五级 / 初级职业技能培训要求				2.2.2 五级 / 初级职业技能培训课程规范			
职业功能模块（模块）	培训内容（课程）	技能目标	培训细目	学习单元	课程内容	培训建议	课堂学时
1．卫生管理与教育	1-1 清洁	1-1-1 能按程序清洁婴幼儿活动场所及各类设施、用具、玩具，保持室内无污垢、无异味、无蚊蝇，地面干燥、洁净	（1）清洁婴幼儿活动场所 （2）清洁各类设施、用具、玩 / 教具 （3）防治“四害”	（3）各类设施、用具、玩 / 教具的清洁	1）各类设施清洁的操作程序和注意事项 2）各类用具清洁的操作程序和注意事项 3）各类玩具、教具清洁的操作程序和注意事项	（1）方法：讲授法、案例教学法、实训法 （2）重点与难点：各类设施、用具、玩 / 教具的清洁	1
		1-1-2 能清洁、整理、分类摆放日常用品，使其井然有序	（1）日常用品的清洁 （2）日常用品的整理 （3）日常用品的分类摆放	（4）日常用品的清洁、整理与分类摆放	1）日常用品的清洁 2）日常用品的整理和分类摆放	（1）方法：讲授法、案例教学法、实训法 （2）重点与难点：日常用品的整理与分类摆放	1
		1-1-3 能按时、按要求开窗通风	（1）按时开窗通风 （2）按要求开窗通风	（5）开窗通风的时间及操作要求	1）开窗通风的作用 2）开窗通风的时间 3）开窗通风的操作要求	（1）方法：讲授法、案例教学法、讨论法 （2）重点与难点：开窗通风的操作要求	1
		1-1-4 能在婴幼儿一日生活中指导婴幼儿正确洗手、洗脸、漱口和擦鼻涕，帮助其养成良好习惯	（1）指导婴幼儿正确洗手、洗脸、漱口、擤鼻涕 （2）指导婴幼儿养成良好的卫生习惯	（6）指导婴幼儿养成良好的卫生习惯	1）指导婴幼儿正确洗手、洗脸 2）指导婴幼儿正确漱口和擤鼻涕 3）指导婴幼儿养成良好的卫生习惯	（1）方法：讲授法、演示法、实训法 （2）重点与难点：指导婴幼儿养成良好的卫生习惯	1
	1-2 消毒	1-2-1 能对婴幼儿活动场所及各类设施、用具和玩具进行消毒并做好消毒记录	（1）婴幼儿活动场所消毒	（1）消毒知识	1）常见传染病的传播途径 2）托幼机构常用的消毒方法及适用范围	（1）方法：讲授法、案例教学法、讨论法 （2）重点与难点：托幼机构常用的消毒方法及适用范围	1

续表

2.1.2 五级 / 初级职业技能培训要求				2.2.2 五级 / 初级职业技能培训课程规范			
职业功能模块（模块）	培训内容（课程）	技能目标	培训细目	学习单元	课程内容	培训建议	课堂学时
1．卫生管理与教育	1-2 消毒	1-2-1 能对婴幼儿活动场所及各类设施、用具和玩具进行消毒并做好消毒记录	(2) 各类设施、用具和玩 / 教具消毒 (3) 做好消毒记录	(2) 婴幼儿活动场所及各类设施、用具和玩 / 教具的消毒	1) 婴幼儿活动场所及各类设施的消毒 2) 毛巾、床上用品的消毒 3) 抹布的消毒 4) 玩 / 教具的消毒 5) 图书的消毒	(1) 方法：讲授法、演示法、实训法 (2) 重点与难点：婴幼儿活动场所及各类设施的消毒	2
		1-2-2 能配制常用消毒液	配制常用消毒液	(3) 配制常用消毒液	1) 常用消毒液的成分与作用 2) 常用消毒液的配制	(1) 方法：讲授法、案例教学法、实训法 (2) 重点与难点：常用消毒液的配制	1
	1-3 物品管理	1-3-1 能保管班级的卫生消毒用品、清洁工具及危险品	(1) 保管班级的卫生消毒用品 (2) 保管班级的清洁工具 (3) 保管班级的危险品	(1) 班级的物品管理	1) 班级清洁卫生用品的保管 2) 班级清洁工具的保管 3) 班级卫生消毒用品及危险品的保管	(1) 方法：讲授法、案例教学法、实训法 (2) 重点与难点：保管班级的卫生消毒用品、清洁工具及危险品	1
		1-3-2 能发现物品使用过程中的不安全因素，并及时处理	(1) 发现物品使用过程中的不安全因素 (2) 及时处理物品使用过程中的不安全因素	(2) 清洁、消毒用品使用过程中的安全隐患及排除	1) 常见清洁危险品的特性及安全管理流程 2) 常见消毒危险品的特性及安全管理流程 3) 发现并排除清洁、消毒用品使用过程中的安全隐患	(1) 方法：讲授法、案例教学法、参观法 (2) 重点与难点：发现并排除清洁、消毒用品使用过程中的安全隐患	2
2．生活管理与指导	2-1 进餐管理与指导	2-1-1 能保证饭菜的温度适宜	控制饭菜的温度	(1) 控制饭菜的温度	1) 饭菜的保洁与保温 2) 饭菜的防烫与晾凉	(1) 方法：讲授法、案例教学法、实训法 (2) 重点与难点：饭菜的保洁与保温	1

续表

2.1.2 五级/初级职业技能培训要求				2.2.2 五级/初级职业技能培训课程规范			
职业功能模块（模块）	培训内容（课程）	技能目标	培训细目	学习单元	课程内容	培训建议	课堂学时
2．生活管理与指导	2–1 进餐管理与指导	2–1–2 能按照婴幼儿不同年龄要求分发餐具	按照婴幼儿年龄要求分发餐具	（2）餐具分发及进餐中的自理能力培养	1）按照婴幼儿年龄要求分发餐具	（1）方法：讲授法、讨论法、演示法、实训法 （2）重点：婴幼儿生活自理常识	2
					2）培养婴幼儿自理能力的重要性		
					3）3岁及以下婴儿生活自理常识		
					4）4岁幼儿生活自理常识		
					5）5~6岁幼儿生活自理常识		
		2–1–3 能根据婴幼儿的个别需要分发、添加饭菜	（1）根据婴幼儿的个别需要分发饭菜 （2）根据婴幼儿的个别需要添加饭菜	（3）根据需要分发、添加饭菜	1）合理营养膳食的重要性	（1）方法：讲授法、角色扮演法、实训法 （2）重点：分发饭菜的程序和要求 （3）难点：膳食搭配的基本原则运用	3
					2）膳食搭配的基本原则		
					3）刺激婴幼儿的食欲		
					4）不同年龄婴幼儿的进餐特点		
					5）分发饭菜的程序和要求		
					6）及时为婴幼儿添加饭菜		
		2–1–4 能指导婴幼儿正确进餐	（1）指导婴幼儿养成正确的进餐姿势 （2）指导婴幼儿正确使用餐具 （3）指导婴幼儿定时定量用餐 （4）指导婴幼儿不偏食、不挑食 （5）指导婴幼儿保持良好的进餐卫生	（4）指导婴幼儿养成良好的进餐习惯	1）良好的进餐习惯养成规范	（1）方法：讲授法、角色扮演法、实训法、项目教学法	3
					2）指导婴幼儿养成正确的进餐姿势		
					3）指导婴幼儿养成正确使用餐具的习惯		
					4）指导婴幼儿养成定时定量用餐的习惯		
					5）指导婴幼儿养成不偏食、不挑食的习惯		

续表

<table>
<tr><th colspan="4">2.1.2 五级 / 初级职业技能培训要求</th><th colspan="4">2.2.2 五级 / 初级职业技能培训课程规范</th></tr>
<tr><th>职业功能模块（模块）</th><th>培训内容（课程）</th><th>技能目标</th><th>培训细目</th><th>学习单元</th><th>课程内容</th><th>培训建议</th><th>课堂学时</th></tr>
<tr><td rowspan="16">2．生活管理与指导</td><td rowspan="4">2-1 进餐管理与指导</td><td rowspan="2">2-1-4 能指导婴幼儿正确进餐</td><td rowspan="2">(6) 指导婴幼儿专心、文明进餐</td><td rowspan="2">(4) 指导婴幼儿养成良好的进餐习惯</td><td>6) 指导婴幼儿保持良好的进餐卫生</td><td rowspan="2">(2) 重点与难点：指导婴幼儿养成良好的进餐习惯</td><td rowspan="2"></td></tr>
<tr><td>7) 指导婴幼儿养成专心、文明进餐的习惯</td></tr>
<tr><td rowspan="2">2-1-5 能指导幼儿饭后漱口、正确使用餐巾</td><td rowspan="2">(1) 指导幼儿饭后漱口
(2) 指导幼儿正确使用餐巾</td><td rowspan="2">(5) 指导婴幼儿饭后漱口、正确使用餐巾</td><td>1) 指导婴幼儿饭后漱口</td><td rowspan="2">(1) 方法：讲授法、案例教学法、实训法
(2) 重点与难点：指导婴幼儿饭后漱口、正确使用餐巾</td><td rowspan="2">1</td></tr>
<tr><td>2) 餐巾的折叠与使用</td></tr>
<tr><td rowspan="12">2-2 饮水管理与指导</td><td rowspan="2">2-2-1 能按要求清洗饮水设备</td><td rowspan="2">清洗饮水设备</td><td rowspan="2">(1) 饮水设备的清洁与消毒</td><td>1) 饮水设备的清洁</td><td rowspan="2">(1) 方法：讲授法、案例教学法、实训法
(2) 重点与难点：饮水设备的清洁与消毒</td><td rowspan="2">1</td></tr>
<tr><td>2) 饮水设备的消毒</td></tr>
<tr><td rowspan="5">2-2-2 能根据婴幼儿的活动量、天气、饮食等情况提供温度适宜的饮水</td><td rowspan="5">(1) 根据婴幼儿的活动量变化提供饮用水
(2) 根据天气情况提供饮用水
(3) 根据饮食情况提供饮用水
(4) 控制水温</td><td rowspan="5">(2) 根据具体情况提供温度适宜的饮用水</td><td>1) 饮水对婴幼儿健康的作用</td><td rowspan="5">(1) 方法：讲授法、演示法、实训法
(2) 重点：婴幼儿饮水量的变化
(3) 难点：控制水温</td><td rowspan="5">2</td></tr>
<tr><td>2) 婴幼儿饮水量的变化</td></tr>
<tr><td>3) 婴幼儿饮用水的水质要求及水的选择</td></tr>
<tr><td>4) 准备饮用水</td></tr>
<tr><td>5) 控制水温</td></tr>
<tr><td rowspan="5">2-2-3 能指导婴幼儿饮水，帮助其养成良好的饮水习惯</td><td rowspan="5">(1) 指导婴幼儿定时饮水
(2) 指导婴幼儿不定时饮水
(3) 指导婴幼儿养成喝温开水的习惯</td><td rowspan="5">(3) 指导婴幼儿养成良好的饮水习惯</td><td>1) 婴幼儿饮水心理需求</td><td rowspan="5">(1) 方法：讲授法、案例教学法、实训法</td><td rowspan="5">2</td></tr>
<tr><td>2) 组织婴幼儿饮水</td></tr>
<tr><td>3) 指导婴幼儿定时饮水</td></tr>
<tr><td>4) 指导婴幼儿不定时饮水</td></tr>
<tr><td>5) 不宜饮水的情况</td></tr>
</table>

续表

2.1.2　五级 / 初级职业技能培训要求				2.2.2　五级 / 初级职业技能培训课程规范			
职业功能模块（模块）	培训内容（课程）	技能目标	培训细目	学习单元	课程内容	培训建议	课堂学时
2．生活管理与指导	2-2　饮水管理与指导	2-2-3　能指导婴幼儿饮水，帮助其养成良好的饮水习惯		（3）指导婴幼儿养成良好的饮水习惯	6）特殊饮用水的制作方法 7）培养婴幼儿喝温开水的习惯	（2）重点与难点：指导婴幼儿定时与不定时饮水	
	2-3　盥洗、如厕管理与指导	2-3-1　能指导婴幼儿正确盥洗	（1）组织婴幼儿盥洗 （2）指导婴幼正确盥洗	（1）组织婴幼儿盥洗，培养盥洗习惯	1）组织婴幼儿盥洗 2）培养婴幼儿良好盥洗习惯的方法 3）培养婴幼儿良好的盥洗习惯实例	（1）方法：讲授法、角色扮演法、实训法 （2）重点：组织婴幼儿盥洗 （3）难点：培养婴幼儿良好的盥洗习惯	2
		2-3-2　能指导婴幼儿独立安全使用蹲便器、完成排便及便后清洁	（1）指导婴幼儿独立安全使用蹲便器 （2）婴幼儿小便指导与训练 （3）婴幼儿大便指导与训练 （4）婴幼儿两便清洁	（2）指导婴幼儿大小便与便后清洁	1）婴幼儿小便的指导与训练 2）婴幼儿大便的指导与训练 3）婴幼儿两便清洁	（1）方法：讲授法、演示法、实训法 （2）重点：婴幼儿大小便的指导与训练 （3）难点：婴幼儿两便清洁	2
		2-3-3　能及时提醒婴幼儿如厕	（1）及时提醒婴幼儿小便 （2）及时提醒婴幼儿大便	（3）及时提醒婴幼儿大小便	1）提醒婴幼儿及时如厕 2）防治儿童心理性便秘	（1）方法：讲授法、案例教学法、情境表演法 （2）重点与难点：提醒婴幼儿及时如厕	1
	2-4　睡眠照料	2-4-1　能为婴幼儿营造良好、安全的睡眠环境	（1）为婴幼儿准备睡眠室、寝具 （2）睡眠物质环境创设	（1）为婴幼儿营造良好、安全的睡眠环境	1）婴幼儿睡眠的重要性 2）婴幼儿睡眠的特点 3）准备睡眠室、寝具的程序和要求 4）整理睡眠室、寝具的程序和要求	（1）方法：讲授法、演示法、实训法	3

续表

2.1.2　五级 / 初级职业技能培训要求				2.2.2　五级 / 初级职业技能培训课程规范			
职业功能模块（模块）	培训内容（课程）	技能目标	培训细目	学习单元	课程内容	培训建议	课堂学时
2．生活管理与指导	2–4　睡眠照料	2–4–1　能为婴幼儿营造良好、安全的睡眠环境	（3）睡眠心理环境创设	（1）为婴幼儿营造良好、安全的睡眠环境	5）睡眠前的活动安排	（2）重点与难点：睡眠物质环境和心理环境创设	
					6）睡眠物质环境创设		
					7）睡眠心理环境创设		
		2–4–2　能帮助婴幼儿穿脱衣服、鞋子，晾被、叠被、整理铺床	（1）帮助婴幼儿穿脱衣服、鞋子 （2）帮助婴幼儿晾晒被褥 （3）帮助婴幼儿叠被、整理铺床	（2）帮助婴幼儿穿脱衣服、鞋子，晾被、叠被、整理铺床	1）穿脱衣服、鞋子的程序和注意事项	（1）方法：讲授法、演示法、实训法 （2）重点：晾被、叠被、整理铺床 （3）难点：帮助并指导婴幼儿穿脱衣物	2
					2）帮助并指导婴幼儿穿脱衣物		
					3）晾晒被褥的要求和方法		
					4）叠被、整理铺床的要求和方法		
		2–4–3　能做好婴幼儿的睡眠护理，如纠正不良睡姿等	照护婴幼儿安全睡眠	（3）婴幼儿睡眠护理	1）婴幼儿睡眠的安全常识	（1）方法：讲授法、观摩法、实训法 （2）重点与难点：纠正不良睡姿	1
					2）睡眠的个别指导		
		2–4–4　能指导婴幼儿养成良好的睡眠习惯	指导婴幼儿养成良好的睡眠习惯	（4）指导婴幼儿养成良好的睡眠习惯	1）婴幼儿睡眠心理调节	（1）方法：讲授法、讨论法、实训法 （2）重点与难点：指导婴幼儿养成良好的睡眠习惯	2
					2）婴幼儿睡眠习惯养成方式		
					3）指导婴幼儿养成良好的睡眠习惯实例		
	2–5　物品管理	2–5–1　能保管好班级的设备、用具，做到不丢失、不损坏	（1）保管班级设施、设备 （2）保管玩具、教具和图书 （3）保管婴幼儿个人物品	（1）班级设施、设备、用具管理	1）生活物品保管方式	（1）方法：讲授法、参观法、实训法 （2）重点与难点：玩具、教具和图书的保管	2
					2）班级设施、设备管理		
					3）玩具、教具和图书的保管		
					4）婴幼儿个人物品保管		

续表

2.1.2　五级 / 初级职业技能培训要求				2.2.2　五级 / 初级职业技能培训课程规范			
职业功能模块（模块）	培训内容（课程）	技能目标	培训细目	学习单元	课程内容	培训建议	课堂学时
2．生活管理与指导	2–5　物品管理	2–5–2　能发现物品使用过程中的不安全因素并及时处理	（1）发现物品使用过程中的不安全因素 （2）处理物品使用过程中的不安全因素	（2）及时发现并处理生活物品使用过程中的不安全因素	1）常见生活危险品的正确放置方式和使用方法 2）物品使用过程中的不安全因素实例 3）及时发现并处理生活物品使用过程中的不安全因素	（1）方法：讲授法、案例教学法、实训法 （2）重点与难点：及时发现并处理生活物品使用过程中的不安全因素	2
3．健康管理与教育	3–1　健康观察	3–1–1　能协助教师进行晨、午、晚检并做好登记工作	（1）协助教师晨检 （2）协助教师午检 （3）协助教师晚检	（1）协助教师进行晨、午、晚检	1）晨、午、晚检的相关知识 2）婴幼儿衣着安全 3）危害婴幼儿安全的小物品种类 4）危害婴幼儿安全的小物品来源 5）晨、午、晚检中保育员的工作	（1）方法：讲授法、案例教学法、实训法、情境表演法 （2）重点与难点：晨、午、晚检中保育员的工作	2
		3–1–2　能结合婴幼儿精神、情绪、饮食、睡眠、大小便和体温等，对婴幼儿健康状况进行全日观察	婴幼儿健康状况全日观察	（2）婴幼儿健康状况全日观察	1）全日观察的相关知识 2）婴幼儿健康基本体征指标 3）婴幼儿常见的情绪表现 4）婴幼儿生病的迹象 5）婴幼儿精神状态检查 6）异常情况登记	（1）方法：讲授法、案例教学法、实训法、观摩法 （2）重点与难点：婴幼儿生病的迹象	3

续表

2.1.2　五级 / 初级职业技能培训要求				2.2.2　五级 / 初级职业技能培训课程规范			
职业功能模块（模块）	培训内容（课程）	技能目标	培训细目	学习单元	课程内容	培训建议	课堂学时
3．健康管理与教育	3-2　体格检查	3-2-1　能配合教师和保健医（员）对婴幼儿进行定期体检	配合教师和保健医（员）为婴幼儿定期体检	（1）配合教师和保健医（员）为婴幼儿定期体检	1）婴幼儿生长发育评价指标 2）定期体检制度 3）婴幼儿体检时保育员的工作	（1）方法：讲授法、案例教学法、实训法 （2）重点与难点：婴幼儿体检时保育员的工作	2
		3-2-2　能对婴幼儿进行水浴、空气浴、日光浴的“三浴”锻炼	（1）婴幼儿水浴锻炼 （2）婴幼儿空气浴锻炼 （3）婴幼儿日光浴锻炼	（2）“三浴”锻炼	1）水浴锻炼的程序及注意事项 2）空气浴锻炼的程序及注意事项 3）日光浴锻炼的程序及注意事项	（1）方法：讲授法、案例教学法、实训法 （2）重点与难点：“三浴”锻炼的程序及注意事项	2
	3-3　情绪管理	3-3-1　能营造不同场景下婴幼儿愉快的健康心理环境	（1）入睡前婴幼儿愉快的健康心理环境营造 （2）就餐时婴幼儿愉快的健康心理环境营造 （3）室外活动时婴幼儿愉快的健康心理环境营造 （4）室内活动时婴幼儿愉快的健康心理环境营造	（1）婴幼儿心理环境营造及心理保健知识	1）婴幼儿心理环境营造的意义 2）婴幼儿心理环境营造的要求 3）心理环境营造的方法 4）婴幼儿心理保健的内容 5）婴幼儿心理保健的要求	（1）方法：讲授法、案例教学法、讨论法 （2）重点与难点：心理环境营造的方法	3
				（2）不同场景下婴幼儿愉快的健康心理环境营造	1）入睡前婴幼儿愉快的健康心理环境营造 2）就餐时婴幼儿愉快的健康心理环境营造 3）室外活动时婴幼儿愉快的健康心理环境营造 4）室内活动时婴幼儿愉快的健康心理环境营造	（1）方法：讲授法、参观法、实训法 （2）重点与难点：入睡前、就餐时、室外活动时、室内活动时婴幼儿愉快的健康心理环境营造	2

续表

2.1.2 五级 / 初级职业技能培训要求				2.2.2 五级 / 初级职业技能培训课程规范			
职业功能模块（模块）	培训内容（课程）	技能目标	培训细目	学习单元	课程内容	培训建议	课堂学时
3．健康管理与教育	3–3 情绪管理	3–3–2 能体察婴幼儿的心理感受，给予及时的安慰	（1）识别婴幼儿个别心理需求 （2）体察婴幼儿心理感受 （3）安慰婴幼儿	（3）婴幼儿个别心理需求和感受的识别与满足	1）婴幼儿个别心理需求识别 2）婴幼儿个别心理需求满足 3）体察婴幼儿心理感受的方法 4）对婴幼儿心理感受的处理	（1）方法：讲授法、情境表演法、实训法 （2）重点与难点：体察婴幼儿的心理感受	2
		3–3–3 能通过榜样示范等形式帮助婴幼儿掌握一些简单的情绪管理方法	（1）帮助婴幼儿学会简单的情绪管理 （2）帮助婴幼儿调节不良情绪	（4）帮助婴幼儿进行简单情绪管理	1）婴幼儿不良情绪产生的原因 2）婴幼儿不良情绪的调节和疏导 3）婴幼儿情绪管理方法 4）指导婴幼儿情绪管理的方法 5）帮助婴幼儿调节不良情绪的实例	（1）方法：讲授法、案例教学法、实训法 （2）重点与难点：婴幼儿不良情绪的调节和疏导	2
4．辅助教育活动与家长工作	4–1 辅助室内教育活动	4–1–1 能按照教师的要求做好活动前的准备和活动结束后的整理工作	（1）活动前的准备 （2）活动中的配合 （3）活动结束后的整理	（1）室内活动前的准备、活动中的配合及活动后的整理	1）玩具、教具的作用及使用原则 2）室内活动材料的选择 3）室内活动应注意的问题 4）室内活动前的准备及活动中的配合工作 5）室内活动后的整理工作	（1）方法：讲授法、案例教学法、实训法 （2）重点与难点：室内活动前的准备及活动后的整理	3
		4–1–2 能纠正婴幼儿的不良姿势	活动中纠正婴幼儿的不良姿势	（2）婴幼儿不良姿势的纠正	1）室内活动中辅助纠正婴幼儿不良姿势的方法 2）室内活动中辅助纠正婴幼儿不良姿势的实例	（1）方法：讲授法、案例教学法、实训法 （2）重点与难点：室内活动中辅助纠正婴幼儿的不良姿势	1

续表

2.1.2 五级 / 初级职业技能培训要求				2.2.2 五级 / 初级职业技能培训课程规范			
职业功能模块（模块）	培训内容（课程）	技能目标	培训细目	学习单元	课程内容	培训建议	课堂学时
4．辅助教育活动与家长工作	4-1 辅助室内教育活动	4-1-3 能检查活动场地地面及桌椅、教具等，排除安全隐患	排除室内活动场地的安全隐患	（3）室内活动场地安全隐患排除	1）安全排查标准及要求 2）排除室内活动场地的安全隐患	（1）方法：讲授法、案例教学法、实训法 （2）重点与难点：排除室内活动场地的安全隐患	2
	4-2 辅助室外教育活动	4-2-1 能按照室外活动要求做好室外活动材料摆放、场地准备和收尾整理工作	（1）准备室外活动场地 （2）摆放室外活动材料 （3）室外活动后的收尾及整理	（1）室外活动准备及收尾整理	1）室外活动场地的准备 2）室外活动材料的准备 3）室外活动的收尾整理 4）室外活动后的保育工作	（1）方法：讲授法、参观法、实训法 （2）重点与难点：室外活动场地准备、材料准备和收尾整理	3
		4-2-2 能根据气温和活动量的变化随时提醒婴幼儿增减衣服	（1）根据气温提醒婴幼儿增减衣服 （2）根据活动量提醒婴幼儿增减衣服	（2）提醒婴幼儿增减衣服	1）婴幼儿室外体能活动知识 2）根据气温和活动量变化提醒婴幼儿增减衣服	（1）方法：讲授法、案例教学法、实训法 （2）重点与难点：提醒婴幼儿增减衣服	1
		4-2-3 能及时发现并制止婴幼儿的危险行为	（1）发现室外活动中婴幼儿的危险行为 （2）及时制止婴幼儿的危险行为	（3）室外活动中婴幼儿危险行为的发现及制止	1）室外活动中婴幼儿的常见危险行为 2）及时制止婴幼儿常见危险行为	（1）方法：讲授法、案例教学法、实训法 （2）重点与难点：及时制止婴幼儿常见危险行为	1
	4-3 家长工作指导	4-3-1 能与家长沟通婴幼儿在园情况	与家长沟通婴幼儿在园情况	（1）与家长沟通的方式、方法及技巧	1）与家长沟通交流的准备 2）与家长沟通的主要方式 3）与家长沟通的一般方法 4）与家长沟通的一般技巧 5）与家长沟通婴幼儿在园情况实例	（1）方法：讲授法、情境表演法、实训法 （2）重点与难点：与家长沟通的方法与技巧	2

续表

<table>
<tr><td colspan="4">2.1.2　五级 / 初级职业技能培训要求</td><td colspan="4">2.2.2　五级 / 初级职业技能培训课程规范</td></tr>
<tr><td>职业功能模块（模块）</td><td>培训内容（课程）</td><td>技能目标</td><td>培训细目</td><td>学习单元</td><td>课程内容</td><td>培训建议</td><td>课堂学时</td></tr>
<tr><td rowspan="4">4．辅助教育活动与家长工作</td><td rowspan="4">4–3　家长工作指导</td><td rowspan="4">4–3–2　能正面、积极评价和描述婴幼儿的表现</td><td rowspan="4">（1）积极评价婴幼儿的表现
（2）正面描述婴幼儿的表现</td><td rowspan="4">（2）正面、积极评价和描述婴幼儿的表现</td><td>1）对婴幼儿发展客观评价的定义和原则</td><td rowspan="4">（1）方法：讲授法、角色扮演法、实训法
（2）重点与难点：正面、积极评价和描述婴幼儿的表现</td><td rowspan="4">2</td></tr>
<tr><td>2）正面、积极评价婴幼儿的表现</td></tr>
<tr><td>3）正面描述婴幼儿的表现</td></tr>
<tr><td>4）正面、积极评价和描述婴幼儿的表现实例</td></tr>
<tr><td colspan="7">课堂学时合计</td><td>80</td></tr>
</table>

附录 3　四级 / 中级职业技能培训要求与课程规范对照表

<table>
<tr><td colspan="4">2.1.3　四级 / 中级职业技能培训要求</td><td colspan="4">2.2.3　四级 / 中级职业技能培训课程规范</td></tr>
<tr><td>职业功能模块（模块）</td><td>培训内容（课程）</td><td>技能目标</td><td>培训细目</td><td>学习单元</td><td>课程内容</td><td>培训建议</td><td>课堂学时</td></tr>
<tr><td rowspan="8">1．卫生管理与教育</td><td rowspan="8">1–1　清洁</td><td rowspan="5">1–1–1　能根据季节和室内温度变化，确定通风的时间和方式</td><td rowspan="5">（1）根据季节的变化通风
（2）根据天气情况通风
（3）根据房间性质通风</td><td rowspan="2">（1）常用的通风方式</td><td>1）空气质量知识</td><td rowspan="2">（1）方法：讲授法、案例教学法、讨论法
（2）重点与难点：托幼机构常用的通风方式及注意事项</td><td rowspan="2">1</td></tr>
<tr><td>2）托幼机构常用的通风方式及注意事项</td></tr>
<tr><td rowspan="3">（2）不同情况下的通风</td><td>1）根据季节的变化开窗通风</td><td rowspan="3">（1）方法：讲授法、案例教学法、讨论法
（2）重点与难点：根据不同情况确定通风的时间和方式</td><td rowspan="3">1</td></tr>
<tr><td>2）根据天气情况开窗通风</td></tr>
<tr><td>3）根据房间性质开窗通风</td></tr>
<tr><td rowspan="3">1–1–2　能根据实际需要，及时开展清洁工作</td><td rowspan="3">（1）根据日常实际需要及时清洁
（2）装修房屋启用后的清洁
（3）特殊天气下的室内清洁</td><td rowspan="3">（3）特殊情况的清洁</td><td>1）婴幼儿呕吐的原因及呕吐物的隐患和清洁</td><td rowspan="3">（1）方法：讲授法、演示法、实训法、情景表演法、案例教学法</td><td rowspan="3">3</td></tr>
<tr><td>2）婴幼儿腹泻的原因及排泄物的隐患和清洁</td></tr>
<tr><td>3）婴幼儿洒饭后的清洁</td></tr>
</table>

续表

2.1.3 四级 / 中级职业技能培训要求				2.2.3 四级 / 中级职业技能培训课程规范			
职业功能模块（模块）	培训内容（课程）	技能目标	培训细目	学习单元	课程内容	培训建议	课堂学时
1．卫生管理与教育	1-1 清洁	1-1-2 能根据实际需要，及时开展清洁工作	（1）根据日常实际需要及时清洁 （2）装修房屋启用后的清洁 （3）特殊天气下的室内清洁	（3）特殊情况的清洁	4）婴幼儿流鼻血的清洁 5）婴幼儿做值日生时的注意事项 6）清洁过程中的注意事项 ①保持干燥 ②空气净化等	（2）重点：根据日常需要及时清洁 （3）难点：清洁过程中的注意事项	
				（4）装修房屋启用后的清洁	1）室内装修污染对婴幼儿健康的危害 2）装修后房屋的室内环境清洁 3）装修后房屋的室内空气净化 ①摆放绿植 ②放置活性炭等	（1）方法：讲授法、讨论法、实训法 （2）重点与难点：装修后房屋的室内空气净化	2
				（5）特殊天气下的室内清洁	1）空气干燥时的清洁 2）连续阴雨天气时的清洁 3）大风天气时的清洁 4）雾霾天气时的清洁	（1）方法：讲授法、案例教学法、演示法、实训法 （2）重点与难点：特殊天气时清洁的方法及注意事项	2
	1-2 消毒	1-2-1 能根据物品的属性选择消毒方法	（1）选择合适的消毒方法 （2）不同属性物品的消毒	（1）消毒方法与药品的选择	1）不同属性物品的消毒方法 2）消毒药品的使用注意事项	（1）方法：讲授法、讨论法、演示法、实训法 （2）重点与难点：不同属性物品的消毒方法	2
				（2）消毒的一般操作程序	1）空气消毒的一般操作程序 2）桌面消毒的一般操作程序 3）地面消毒的一般操作程序	（1）方法：讲授法、案例教学法、演示法、实训法	2

续表

2.1.3　四级 / 中级职业技能培训要求				2.2.3　四级 / 中级职业技能培训课程规范			
职业功能模块（模块）	培训内容（课程）	技能目标	培训细目	学习单元	课程内容	培训建议	课堂学时
1．卫生管理与教育	1–2　消毒	1–2–1　能根据物品的属性选择消毒方法	（1）选择合适的消毒方法 （2）不同属性物品的消毒	（2）消毒的一般操作程序	4）玩具消毒的一般操作程序	（2）重点与难点：不同属性物品消毒的一般操作程序	
					5）盥洗室消毒的一般操作程序		
					6）被褥消毒的一般操作程序		
					7）图书消毒的一般操作程序		
					8）餐具消毒的一般操作程序		
		1–2–2　能根据婴幼儿常见传染病特征做好消毒工作	婴幼儿常见传染病的消毒	（3）婴幼儿常见传染病的特征及消毒	1）婴幼儿常见传染病的特征	（1）方法：讲授法、实训法、案例教学法、演示法、讨论法 （2）重点与难点：根据婴幼儿常见传染病特征进行消毒	2
					2）根据婴幼儿常见传染病特征进行消毒		
	1–3　资产管理	1–3–1　能做好卫生设施、设备资产登记	常用卫生设施、设备资产的登记	（1）常用的卫生设施、设备及登记	1）常用卫生设施、设备	（1）方法：参观法、讲授法、讨论法 （2）重点：常用卫生设施、设备 （3）难点：卫生设施、设备资产的登记	1
					2）卫生设施、设备资产的登记		
		1–3–2　能对设备资产进行科学规范管理	科学管理设备资产	（2）科学管理设备资产	1）资产管理的一般方法	（1）方法：讲授法、案例教学法、观摩法、实训法 （2）重点与难点：设备资产的科学规范管理	1
					2）设备资产的科学规范管理		
2．生活管理与教育	2–1　进餐、饮水管理与指导	2–1–1　能向婴幼儿介绍不同饭菜的营养特点，并引导婴幼儿不挑食、不偏食	（1）向婴幼儿介绍饭菜的营养特点 （2）引导婴幼儿不挑食、不偏食	（1）引导婴幼儿不挑食、不偏食	1）常见食物的营养价值	（1）方法：讲授法、案例教学法、项目教学法、角色扮演法	2
					2）向婴幼儿介绍饭菜的主要营养特点		

续表

2.1.3 四级 / 中级职业技能培训要求				2.2.3 四级 / 中级职业技能培训课程规范			
职业功能模块（模块）	培训内容（课程）	技能目标	培训细目	学习单元	课程内容	培训建议	课堂学时
2．生活管理与教育	2-1 进餐、饮水管理与指导	2-1-1 能向婴幼儿介绍不同饭菜的营养特点，并引导婴幼儿不挑食、不偏食	（1）向婴幼儿介绍饭菜的营养特点 （2）引导婴幼儿不挑食、不偏食	（1）引导婴幼儿不挑食、不偏食	3）向婴幼儿介绍饭菜主要营养特点的实例 4）挑食、偏食的害处 5）引导婴幼儿不挑食、不偏食的方法	（2）重点：向婴幼儿介绍饭菜的主要营养特点 （3）难点：引导婴幼儿不挑食、不偏食	
		2-1-2 能指导幼儿独立进餐及自主进餐	（1）指导幼儿独立进餐 （2）指导幼儿自主进餐	（2）指导幼儿独立进餐	1）幼儿独立进餐的意义 2）幼儿独立进餐的注意事项 3）创设良好的进餐物质环境 4）创设良好的进餐精神环境 5）指导幼儿独立进餐的方法	（1）方法：讲授法、案例教学法、示范法、讨论法、情境表演法 （2）重点：指导幼儿独立进餐 （3）难点：创设良好的进餐环境	2
				（3）指导幼儿自主进餐	1）幼儿自主取餐的意义 2）幼儿自主取餐的注意事项 3）创设安全方便的取餐环境 4）引导幼儿自主取餐的方法	（1）方法：讲授法、案例教学法、观摩法、实训法、讨论法 （2）重点：引导幼儿自主取餐 （3）难点：创设安全方便的取餐环境	2
		2-1-3 能引导婴幼儿养成良好的饮水习惯，在组织婴幼儿饮水和养成饮水习惯时注意婴幼儿的心理感受	（1）解决婴幼儿饮水中的常见问题 （2）引导婴幼儿养成良好的饮水习惯	（4）引导婴幼儿养成良好的饮水习惯	1）婴幼儿常见饮水问题及解决方法 2）尊重婴幼儿心理感受，引导其养成良好饮水习惯	（1）方法：讲授法、案例教学法、角色扮演法、讨论法、情境表演法 （2）重点：解决婴幼儿饮水中的常见问题 （3）难点：在引导婴幼儿养成良好饮水习惯时尊重婴幼儿的心理感受	1

续表

<table>
<tr><th colspan="4">2.1.3 四级 / 中级职业技能培训要求</th><th colspan="4">2.2.3 四级 / 中级职业技能培训课程规范</th></tr>
<tr><th>职业功能模块（模块）</th><th>培训内容（课程）</th><th>技能目标</th><th>培训细目</th><th>学习单元</th><th>课程内容</th><th>培训建议</th><th>课堂学时</th></tr>
<tr><td rowspan="16">2. 生活管理与教育</td><td rowspan="12">2-2 盥洗、如厕管理与指导</td><td rowspan="4">2-2-1 能处理婴幼儿盥洗、漱口、如厕中的问题</td><td rowspan="4">（1）处理婴幼儿盥洗中的问题
（2）处理婴幼儿漱口中的问题
（3）处理婴幼儿如厕中的问题</td><td rowspan="4">（1）婴幼儿盥洗、如厕、漱口过程中的常见问题及处理</td><td>1）婴幼儿盥洗、如厕、漱口过程中的常见问题</td><td rowspan="4">（1）方法：讲授法、案例教学法、演示法、实训法
（2）重点与难点：婴幼儿盥洗、如厕、漱口过程中的常见问题及处理</td><td rowspan="4">2</td></tr>
<tr><td>2）处理婴幼儿盥洗中的问题</td></tr>
<tr><td>3）处理婴幼儿如厕中的问题</td></tr>
<tr><td>4）处理婴幼儿漱口中的问题</td></tr>
<tr><td rowspan="8">2-2-2 能指导婴幼儿正确盥洗及整理衣物</td><td rowspan="8">（1）指导婴幼儿洗手
（2）指导婴幼儿洗脸
（3）指导婴幼儿洗脚
（4）指导婴幼儿洗澡
（5）指导婴幼儿刷牙
（6）指导婴幼儿洗头
（7）指导婴幼儿整理衣物</td><td rowspan="8">（2）指导婴幼儿正确盥洗及整理衣物</td><td>1）指导婴幼儿盥洗的总要求</td><td rowspan="8">（1）方法：讲授法、演示法、情境表演法、实物示教法、观摩法
（2）重点与难点：婴幼儿盥洗及整理衣物的动作要领</td><td rowspan="8">2</td></tr>
<tr><td>2）指导婴幼儿洗手</td></tr>
<tr><td>3）指导婴幼儿洗脸</td></tr>
<tr><td>4）指导婴幼儿洗脚</td></tr>
<tr><td>5）指导婴幼儿洗澡</td></tr>
<tr><td>6）指导婴幼儿刷牙</td></tr>
<tr><td>7）指导婴幼儿洗头</td></tr>
<tr><td>8）指导婴幼儿整理衣物</td></tr>
<tr><td rowspan="4">2-3 睡眠照料</td><td rowspan="4">2-3-1 能指导婴幼儿独立就寝</td><td rowspan="4">（1）指导婴幼儿独立就寝
（2）指导婴幼儿进行就寝前后的整理</td><td rowspan="4">（1）指导婴幼儿独立就寝</td><td>1）婴幼儿独立就寝的意义</td><td rowspan="4">（1）方法：讲授法、案例教学法、情境表演法、讨论法
（2）重点：引导婴幼儿独立就寝的方法
（3）难点：婴幼儿独立就寝的注意事项</td><td rowspan="4">2</td></tr>
<tr><td>2）婴幼儿独立就寝的注意事项</td></tr>
<tr><td>3）创设独立就寝的环境</td></tr>
<tr><td>4）引导婴幼儿独立就寝的方法</td></tr>
</table>

续表

2.1.3　四级 / 中级职业技能培训要求				2.2.3　四级 / 中级职业技能培训课程规范			
职业功能模块（模块）	培训内容（课程）	技能目标	培训细目	学习单元	课程内容	培训建议	课堂学时
2. 生活管理与教育	2–3　睡眠照料	2–3–1　能指导婴幼儿独立就寝	(1) 指导婴幼儿独立就寝 (2) 指导婴幼儿进行就寝前后的整理	(2) 指导婴幼儿进行就寝前后的整理	1) 婴幼儿就寝前后独立整理的意义 2) 婴幼儿就寝前后独立整理的注意事项 3) 引导婴幼儿睡前独立整理 4) 引导婴幼儿睡后独立整理	(1) 方法：讲授法、案例教学法、情境表演法、讨论法 (2) 重点：引导婴幼儿睡前睡后独立整理 (3) 难点：婴幼儿独立整理的注意事项	2
		2–3–2　能根据个别婴幼儿的排尿规律及时提醒其排尿	(1) 及时提醒个别婴幼儿排尿 (2) 婴幼儿遗尿问题的处理	(3) 婴幼儿遗尿的预防及处理	1) 婴幼儿遗尿的原因 2) 婴幼儿遗尿的预防措施 3) 正确对待婴幼儿的遗尿 4) 对婴幼儿遗尿问题的家园共育策略	(1) 方法：讲授法、案例教学法、演示法、项目教学法 (2) 重点：婴幼儿遗尿的预防 (3) 难点：对婴幼儿遗尿问题的家园共育策略	2
3. 健康管理与教育	3–1　健康观察	3–1–1　能对健康状况异常的婴幼儿进行重点观察并记录	(1) 重点观察健康状况异常的婴幼儿并做好记录 (2) 观察与护理生病的婴幼儿	(1) 婴幼儿健康指标及健康检查制度	1) 婴幼儿健康指标 2) 入托幼机构前的健康检查制度 3) 工作人员健康检查制度 4) 传染病报告、隔离制度	(1) 方法：讲授法、案例教学法、观摩法、讨论法 (2) 重点：婴幼儿健康指标 (3) 难点：各项健康检查制度	2
				(2) 观察与护理生病的婴幼儿	1) 对生病婴幼儿的日常护理 2) 对发热患儿的观察及护理 3) 对呕吐患儿的观察及护理 4) 给婴幼儿服药的一般流程与注意事项	(1) 方法：讲授法、案例教学法、观摩法、实训法 (2) 重点：对生病婴幼儿的日常护理 (3) 难点：给婴幼儿服药的一般流程与注意事项	2

续表

2.1.3 四级 / 中级职业技能培训要求				2.2.3 四级 / 中级职业技能培训课程规范			
职业功能模块（模块）	培训内容（课程）	技能目标	培训细目	学习单元	课程内容	培训建议	课堂学时
3．健康管理与教育	3-1 健康观察	3-1-2 能及时发现常见传染病患儿，并做好登记与隔离	（1）发现常见传染病患儿 （2）对常见传染病患儿进行登记 （3）对常见传染病患儿进行隔离	（3）常见传染病患儿的发现、登记与隔离	1）常见传染病的一般预防措施	（1）方法：讲授法、案例教学法、观摩法、实训法 （2）重点与难点：常见传染病患儿的发现、登记与隔离	2
					2）常见传染病的一般隔离措施		
					3）常见传染病患儿的发现、登记与隔离		
		3-1-3 能观察预防接种后婴幼儿的不良反应，并能够进行基本护理	（1）观察预防接种后婴幼儿的不良反应 （2）护理预防接种后出现不良反应的婴幼儿	（4）预防接种后的婴幼儿护理	1）预防接种的意义及疫苗的主要类型	（1）方法：讲授法、案例教学法、实训法、演示法 （2）重点与难点：发现接种后的异常问题并及时处理	2
					2）预防接种后的护理要求及注意事项		
					3）发现接种后的异常问题并及时处理		
					4）预防接种异常问题实例		
	3-2 体格检查	3-2-1 能根据不同阶段体格发育指标，了解婴幼儿生长发育状况	（1）婴幼儿体格发育监测 （2）发育迟缓儿的过程管理	（1）婴幼儿体格发育监测	1）婴幼儿体格发育监测知识	（1）方法：讲授法、案例教学法、讨论法、实训法 （2）重点与难点：根据体格发育指标了解婴幼儿的生长发育状况	2
					2）婴幼儿体格发育监测的方法和流程		
					3）根据体格发育指标了解婴幼儿的生长发育状况		
					4）婴幼儿体格发育状况登记		
				（2）发育迟缓儿的过程管理	1）发育迟缓儿的保健管理知识	（1）方法：讲授法、演示法、讨论法、案例教学法 （2）重点与难点：对发育迟缓儿的过程管理	1
					2）对发育迟缓儿的过程管理		

续表

2.1.3 四级 / 中级职业技能培训要求				2.2.3 四级 / 中级职业技能培训课程规范			
职业功能模块（模块）	培训内容（课程）	技能目标	培训细目	学习单元	课程内容	培训建议	课堂学时
3．健康管理与教育	3-2 体格检查	3-2-2 能对体弱儿进行过程管理并做好登记	体弱儿的过程管理	（3）婴幼儿体弱的成因、危害及改善措施	1）婴幼儿体弱成因及危害	（1）方法：讲授法、案例教学法、实训法 （2）重点：改善体弱的措施 （3）难点：对体弱儿的过程管理	2
					2）改善体弱的措施		
					3）对体弱儿的过程管理		
	3-3 行为观察与情绪管理	3-3-1 能发现孤僻、口吃、吮指癖等心理行为异常的婴幼儿，并做好登记	（1）孤僻婴幼儿的发现及登记 （2）口吃婴幼儿的发现及登记 （3）吮指癖婴幼儿的发现及登记 （4）恋物婴幼儿的发现及登记	（1）婴幼儿发育行为知识	1）婴幼儿发育行为的基础知识	（1）方法：讲授法、讨论法、观摩法 （2）重点与难点：婴幼儿异常行为的识别	1
					2）《3～6岁儿童学习与发展指南》中健康领域相关知识		
				（2）儿童发育行为异常的表现、成因及登记	1）吮指癖的表现及成因	（1）方法：讲授法、案例教学法、观摩法、情境表演法 （2）重点与难点：心理行为异常婴幼儿的识别	2
					2）口吃的表现及成因		
					3）恋物的表现及成因		
					4）孤僻的表现及成因		
					5）发现心理行为异常婴幼儿后的注意事项		
					6）心理行为异常婴幼儿的登记		
		3-3-2 能关注和理解婴幼儿的特殊心理需要，帮助婴幼儿克服一些轻微的异常行为	（1）关注和理解婴幼儿的特殊心理需要 （2）引导婴幼儿克服轻微的异常行为	（3）理解并帮助婴幼儿克服轻微的异常行为	1）帮助婴幼儿克服吮指癖	（1）方法：讲授法、案例教学、情境表演法、实训法、演示法 （2）重点与难点：引导婴幼儿克服异常行为	2
					2）帮助婴幼儿克服口吃		
					3）帮助婴幼儿克服恋物		
					4）帮助婴幼儿克服孤僻		

续表

2.1.3 四级 / 中级职业技能培训要求				2.2.3 四级 / 中级职业技能培训课程规范			
职业功能模块（模块）	培训内容（课程）	技能目标	培训细目	学习单元	课程内容	培训建议	课堂学时
3．健康管理与教育	3-3 行为观察与情绪管理	3-3-3 能对有特殊需要的婴幼儿进行积极的关注和情感支持	（1）积极关注有特殊需要的婴幼儿 （2）对特殊需要的婴幼儿进行情感支持	（4）积极关注和情感支持	1）积极关注和情感支持的意义 2）积极关注的方法 3）情感支持的方法 4）积极支持有特殊需要的婴幼儿实例	（1）方法：讲授法、案例教学法、情境表演法、演示法、实训法 （2）重点与难点：积极关注和情感支持有特殊需要的婴幼儿	2
		3-3-4 能鼓励幼儿进行情绪表达和情感分享	（1）鼓励幼儿表达情绪 （2）鼓励幼儿分享情感	（5）鼓励幼儿表达情绪	1）鼓励幼儿表达情绪的意义 2）引导幼儿表达情绪的环境创设 3）引导幼儿表达情绪的方法 4）引导幼儿表达情绪的实例	（1）方法：讲授法、案例教学法、演示法、情境表演法、实训法 （2）重点：引导幼儿表达情绪的方法 （3）难点：引导幼儿表达情绪的环境创设	2
				（6）鼓励幼儿分享情感	1）鼓励幼儿分享情感的意义 2）引导幼儿分享情感的环境创设 3）引导幼儿分享情感的方法 4）引导幼儿分享情感的实例	（1）方法：讲授法、案例教学法、演示法、情境表演法、实训法 （2）重点：引导幼儿分享情感的方法 （3）难点：引导幼儿分享情感的环境创设	2
4．辅助教育活动与家长工作	4-1 辅助室内教育活动	4-1-1 能按照教育目标的要求，参与婴幼儿游戏的部分教学活动	（1）了解游戏的分类、活动内容及方法 （2）参与游戏的教学组织	（1）常见游戏的分类、活动内容及组织	1）角色游戏的内容及组织 2）结构游戏的内容及组织 3）表演游戏的内容及组织 4）益智游戏的内容及组织	（1）方法：讲授法、案例教学法、实训法、演示法、观摩法 （2）重点与难点：常见游戏的内容及组织	2

续表

<table>
<tr><th colspan="4">2.1.3　四级 / 中级职业技能培训要求</th><th colspan="4">2.2.3　四级 / 中级职业技能培训课程规范</th></tr>
<tr><th>职业功能模块（模块）</th><th>培训内容（课程）</th><th>技能目标</th><th>培训细目</th><th>学习单元</th><th>课程内容</th><th>培训建议</th><th>课堂学时</th></tr>
<tr><td rowspan="16">4．辅助教育活动与家长工作</td><td rowspan="16">4-1　辅助室内教育活动</td><td rowspan="2">4-1-1　能按照教育目标的要求，参与婴幼儿游戏的部分教学活动</td><td rowspan="2">（1）了解游戏的分类、活动内容及方法
（2）参与游戏的教学组织</td><td rowspan="2">（2）参与游戏的教学组织</td><td>1）参与婴幼儿游戏的教学组织</td><td rowspan="2">（1）方法：讲授法、案例教学法、实训法、演示法、情境表演法
（2）重点与难点：参与婴幼儿游戏的教学组织</td><td rowspan="2">1</td></tr>
<tr><td>2）参与婴幼儿游戏教学组织实例</td></tr>
<tr><td rowspan="4">4-1-2　能根据教育目标及内容，协助教师进行环境创设</td><td rowspan="4">（1）了解环境创设的分类、意义及作用
（2）协助教师进行环境创设</td><td rowspan="4">（3）协助教师进行环境创设</td><td>1）环境创设的方法</td><td rowspan="4">（1）方法：讲授法、案例教学法、实训法、演示法
（2）重点：协助教师进行环境创设的要求
（3）难点：协助教师进行各类环境创设</td><td rowspan="4">2</td></tr>
<tr><td>2）保育员协助教师进行环境创设的要求</td></tr>
<tr><td>3）协助教师进行室内物质环境创设</td></tr>
<tr><td>4）协助教师进行精神环境创设</td></tr>
<tr><td rowspan="8">4-1-3　能帮助和指导个别婴幼儿参与教育活动</td><td rowspan="8">（1）帮助和指导多动儿参与教育活动
（2）帮助和指导胆怯儿参与教育活动</td><td rowspan="4">（4）婴幼儿多动的成因、危害及正确引导</td><td>1）婴幼儿多动的成因及危害</td><td rowspan="4">（1）方法：讲授法、案例教学法、实训法、演示法
（2）重点与难点：引导多动儿参与教育活动</td><td rowspan="4">2</td></tr>
<tr><td>2）对多动儿的正确认识</td></tr>
<tr><td>3）引导多动儿参与教育活动</td></tr>
<tr><td>4）改善多动的小游戏</td></tr>
<tr><td rowspan="4">（5）婴幼儿胆怯的成因、危害及正确引导</td><td>1）婴幼儿胆怯的成因及危害</td><td rowspan="4">（1）方法：讲授法、案例教学法、实训法、演示法
（2）重点与难点：引导胆怯儿参与教育活动</td><td rowspan="4">2</td></tr>
<tr><td>2）对胆怯儿的正确认识</td></tr>
<tr><td>3）对胆怯儿的引导方式</td></tr>
<tr><td>4）引导胆怯儿参与教育活动实例</td></tr>
</table>

续表

2.1.3 四级 / 中级职业技能培训要求				2.2.3 四级 / 中级职业技能培训课程规范			
职业功能模块（模块）	培训内容（课程）	技能目标	培训细目	学习单元	课程内容	培训建议	课堂学时
4．辅助教育活动与家长工作	4-2 辅助室外教育活动	4-2-1 能协助教师组织婴幼儿进行部分游戏的教学活动	（1）协助教师进行室外体操游戏活动 （2）协助教师进行室外体育游戏活动	（1）协助教师进行室外体操游戏活动	1）婴幼儿体操的类型和特点 2）组织婴幼儿体操活动的流程 3）体操活动中的安全防护工作 4）体操活动中保育员的其他工作	（1）方法：讲授法、案例教学法、实训法、演示法、项目教学法 （2）重点：体操活动中保育员的工作 （3）难点：体操活动中的安全防护	2
				（2）协助教师进行室外体育游戏活动	1）婴幼儿室外体育游戏活动的类型和特点 2）组织婴幼儿室外体育游戏活动的流程 3）室外体育游戏活动中的安全防护工作 4）室外体育游戏活动中保育员的其他工作	（1）方法：讲授法、案例教学法、实训法、演示法、项目教学法 （2）重点：室外体育游戏活动中保育员的工作 （3）难点：室外体育游戏活动中的安全防护	2
		4-2-2 能照顾体弱儿、肥胖儿适当参与室外活动	（1）照顾体弱儿参与室外活动 （2）照顾肥胖儿参与室外活动	（3）照顾体弱儿参与室外活动	1）体弱儿的护理方法 2）室外活动过程中对体弱儿的个别指导	（1）方法：讲授法、实训法、演示法、案例教学法 （2）重点与难点：室外活动过程中对体弱儿的个别指导	1
				（4）照顾肥胖儿参与室外活动	1）婴幼儿肥胖的成因及危害 2）改善肥胖的措施 3）肥胖儿的护理方法 4）室外活动过程中对肥胖儿的个别指导	（1）方法：讲授法、实训法、演示法、案例教学法 （2）重点与难点：室外活动过程中对肥胖儿的个别指导	2

续表

2.1.3 四级 / 中级职业技能培训要求				2.2.3 四级 / 中级职业技能培训课程规范			
职业功能模块（模块）	培训内容（课程）	技能目标	培训细目	学习单元	课程内容	培训建议	课堂学时
4．辅助教育活动与家长工作	4–2 辅助室外教育活动	4–2–3 能观察婴幼儿的行为，并杜绝事故隐患	（1）观察室外活动中婴幼儿的行为 （2）及时干预婴幼儿的不安全行为	（5）室外活动中婴幼儿不安全行为的观察及干预	1）观察婴幼儿行为的重要性	（1）方法：讲授法、实训法、演示法、案例教学法 （2）重点：观察婴幼儿的行为 （3）难点：观察婴幼儿行为的注意事项	2
					2）观察婴幼儿行为的方法		
					3）观察婴幼儿行为的注意事项		
					4）对婴幼儿不安全行为的干预		
	4–3 家长工作指导	4–3–1 能依据所做的婴幼儿保育工作记录，与家长沟通和交流	（1）做好婴幼儿保育工作记录 （2）依据婴幼儿保育工作记录与家长沟通交流	（1）依据保育工作记录与家长沟通交流	1）保育工作记录的意义、类型和注意事项	（1）方法：讲授法、实训法、演示法、观摩法、案例教学法 （2）重点：保育工作记录的格式与要求 （3）难点：使用保育工作记录与家长沟通	2
					2）保育工作记录的格式与要求		
					3）保育工作记录在与家长沟通交流中的作用		
					4）使用保育工作记录与家长沟通实例		
		4–3–2 能协助教师组织家园共育活动	（1）了解家园共育活动的主要类型 （2）协助教师组织家园共育活动	（2）协助教师组织家园共育活动	1）家园共育活动的主要类型	（1）方法：讲授法、实训法、演示法、案例教学法 （2）重点与难点：常见家园共育活动中保育员的工作	2
					2）家长会中保育员的工作		
					3）家长开放日中保育员的工作		
					4）亲子趣味活动中保育员的工作		
					5）家庭教育经验交流会中保育员的工作		
					6）家长进课堂活动中保育员的工作		
课堂学时合计							80

附录 4　三级 / 高级职业技能培训要求与课程规范对照表

2.1.4　三级 / 高级职业技能培训要求				2.2.4　三级 / 高级职业技能培训课程规范			
职业功能模块（模块）	培训内容（课程）	技能目标	培训细目	学习单元	课程内容	培训建议	课堂学时
1. 卫生管理与教育	1-1　卫生管理	1-1-1　能参与卫生、清洁制度的建设并能提出合理化建议	（1）参与卫生制度建设 （2）参与清洁制度建设 （3）对卫生、清洁制度提出合理化建议	（1）参与卫生清洁制度的制定、修订并提出合理化建议	1）制定托幼、福利机构卫生、清洁制度的依据和原则 2）制定托幼、福利机构卫生、清洁制度的流程 3）托幼、福利机构卫生、清洁制度样例及修订 4）对卫生、清洁制度提出合理化建议	（1）方法：讲授法、案例教学法、讨论法 （2）重点与难点：对卫生、清洁制度提出合理化建议	2
		1-1-2　能及时发现环境中可能危害婴幼儿健康的因素	及时发现环境中可能危害婴幼儿健康的因素	（2）环境中可能危害婴幼儿健康的因素识别	1）空气及水污染 2）及时发现可能危害婴幼儿健康的因素实例	（1）方法：讲授法、案例教学法、实训法 （2）重点与难点：及时发现可能危害婴幼儿健康的因素	2
		1-1-3　能通过体验式教育，培养幼儿的良好卫生习惯	运用体验式教育培养幼儿的良好卫生习惯	（3）运用体验式教育培养幼儿的良好卫生习惯	1）体验式教育及其作用 2）运用体验式教育培养幼儿餐后的良好卫生习惯 3）运用体验式教育培养幼儿如厕的良好卫生习惯 4）运用体验式教育培养幼儿良好的个人卫生习惯	（1）方法：讲授法、案例教学法、情景表演法、实训法 （2）重点与难点：运用体验式教育培养幼儿的良好卫生习惯	2

续表

2.1.4 三级 / 高级职业技能培训要求				2.2.4 三级 / 高级职业技能培训课程规范			
职业功能模块（模块）	培训内容（课程）	技能目标	培训细目	学习单元	课程内容	培训建议	课堂学时
1. 卫生管理与教育	1-2 消毒管理	1-2-1 能对常见传染病进行终末消毒	（1）常见呼吸道传染病的终末消毒 （2）常见消化道传染病的终末消毒 （3）常见接触性传染病的终末消毒	（1）常见传染病的终末消毒	1）终末消毒的概念及方法 2）常见呼吸道传染病的终末消毒 3）常见消化道传染病的终末消毒 4）常见接触性传染病的终末消毒	（1）方法：讲授法、案例教学法、观摩法、实训法 （2）重点与难点：常见呼吸道、消化道及接触性传染病的终末消毒	2
		1-2-2 能对疑似传染病患儿进行隔离，对其接触者进行检疫	（1）对疑似传染病患儿进行隔离 （2）对疑似传染病患儿接触者进行检疫	（2）发现传染病患儿后的紧急处理	1）疑似传染病患儿的隔离 2）疑似传染病患儿接触者的检疫	（1）方法：讲授法、参观法、案例教学法、实训法 （2）重点：对疑似传染病患儿进行隔离 （3）难点：对疑似传染病患儿的接触者进行检疫	1
	1-3 人员管理	1-3-1 能对五级 / 初级工、四级 / 中级工进行一日保育工作流程管理	一日保育工作流程管理	（1）一日保育工作流程管理	1）托幼、福利机构保育人员工作管理规范 2）一日保育工作流程管理的方法	（1）方法：讲授法、案例教学法、实训法 （2）重点与难点：一日保育工作流程管理	1
		1-3-2 能开展保育工作教研，对保育工作中出现的常见问题提出解决方案	（1）保育工作教研 （2）解决保育工作中出现的常见问题	（2）保育工作教研	1）开展保育工作教研的意义 2）保育工作教研活动的组织	（1）方法：讲授法、案例教学法、实训法 （2）重点与难点：保育工作教研的组织	1
				（3）解决保育工作中出现的常见问题	1）保育中常见问题的解决方案 2）解决保育工作中常见问题的实例	（1）方法：讲授法、案例教学法、实训法 （2）重点与难点：保育中常见问题的处理	1

续表

2.1.4 三级 / 高级职业技能培训要求				2.2.4 三级 / 高级职业技能培训课程规范			
职业功能模块（模块）	培训内容（课程）	技能目标	培训细目	学习单元	课程内容	培训建议	课堂学时
2. 生活管理与教育	2-1 进餐指导	2-1-1 能对体弱儿及需要特殊照料期的婴幼儿的进餐活动进行个别指导	(1) 体弱儿的饮食指导 (2) 需特殊照料期（如营养不良、反复呼吸道感染、过敏体质、患有维生素 D 缺乏症、发育迟缓）婴幼儿的饮食指导	(1) 体弱儿及需要特殊照料期婴幼儿进餐活动的个别指导	1) 婴幼儿体弱的饮食原因 2) 体弱儿的饮食调理知识 3) 对营养不良婴幼儿的进餐指导 4) 对反复呼吸道感染婴幼儿的进餐指导 5) 对过敏体质婴幼儿的进餐指导 6) 对患有维生素 D 缺乏症婴幼儿的进餐指导 7) 对发育迟缓婴幼儿的饮食指导 8) 体弱及特殊照料期婴幼儿饮食的个案记录	(1) 方法：讲授法、案例教学法、实训法 (2) 重点：体弱儿的饮食调理 (3) 难点：需特殊照料期如营养不良、反复呼吸道感染、过敏体质、患有维生素 D 缺乏症、发育迟缓婴幼儿的饮食指导	3
		2-1-2 能在进餐时根据不同季节蔬菜的营养特点进行饮食教育	(1) 春季的饮食教育 (2) 夏季的饮食教育 (3) 秋季的饮食教育 (4) 冬季的饮食教育	(2) 不同季节的饮食教育	1) 婴幼儿的饮食教育概述 2) 不同季节的饮食教育	(1) 方法：讲授法、角色扮演法、案例教学法、实训法 (2) 重点与难点：不同季节的饮食教育	2
	2-2 盥洗、如厕管理	2-2-1 能观察并发现婴幼儿大、小便的异常	(1) 观察并发现婴幼儿大便的异常	(1) 观察、发现及处理婴幼儿大、小便的异常	1) 腹泻的症状及原因 2) 便秘的症状及原因 3) 痢疾的症状及原因 4) 尿频的症状及原因	(1) 方法：讲授法、观摩法、案例教学法、实训法	3

续表

<table>
<tr><th colspan="4">2.1.4　三级 / 高级职业技能培训要求</th><th colspan="4">2.2.4　三级 / 高级职业技能培训课程规范</th></tr>
<tr><th>职业功能模块（模块）</th><th>培训内容（课程）</th><th>技能目标</th><th>培训细目</th><th>学习单元</th><th>课程内容</th><th>培训建议</th><th>课堂学时</th></tr>
<tr><td rowspan="15">2．生活管理与教育</td><td rowspan="7">2–2　盥洗、如厕管理</td><td rowspan="5">2–2–1　能观察并发现婴幼儿大、小便的异常</td><td rowspan="5">（2）观察并发现婴幼儿小便的异常
（3）大便异常的处理
（4）小便异常的处理</td><td rowspan="5">（1）观察并发现婴幼儿大便的异常</td><td>5）尿黄的症状及原因</td><td rowspan="5">（2）重点与难点：观察并发现婴幼儿小便的异常</td><td rowspan="5"></td></tr>
<tr><td>6）尿血的症状及原因</td></tr>
<tr><td>7）大、小便异常的识别方法</td></tr>
<tr><td>8）大便异常的处理</td></tr>
<tr><td>9）小便异常的处理</td></tr>
<tr><td rowspan="2">2–2–2　能对盥洗、如厕出现的问题做出合理的应对</td><td rowspan="2">（1）应急处理盥洗时出现的问题
（2）应急处理如厕时出现的问题</td><td rowspan="2">（2）盥洗、如厕问题的应急处理</td><td>1）盥洗问题应急处理实例</td><td rowspan="2">（1）方法：讲授法、案例教学法、实训法
（2）重点与难点：盥洗、如厕问题的应急处理</td><td rowspan="2">2</td></tr>
<tr><td>2）如厕问题应急处理实例</td></tr>
<tr><td rowspan="8">2–3　睡眠观察</td><td rowspan="8">2–3–1　能发现睡眠过程中的婴幼儿身体和行为异常，做出判断并能及时妥善处理</td><td rowspan="8">（1）发现、判断及处理睡眠过程中婴幼儿的身体异常
（2）发现、判断及处理睡眠过程中婴幼儿的行为异常</td><td rowspan="3">（1）发现、判断及处理睡眠过程中婴幼儿的身体异常</td><td>1）鼻出血的原因及处理</td><td rowspan="3">（1）方法：讲授法、案例教学法、实训法
（2）重点：发现、判断睡眠过程中婴幼儿的身体异常
（3）难点：处理睡眠过程中婴幼儿的身体异常</td><td rowspan="3">2</td></tr>
<tr><td>2）咳嗽的原因及处理</td></tr>
<tr><td>3）高热的表现、原因及处理</td></tr>
<tr><td rowspan="5">（2）发现、判断及处理睡眠过程中婴幼儿的行为异常</td><td>1）发现、判断睡眠过程中婴幼儿的行为异常</td><td rowspan="5">（1）方法：讲授法、案例教学法、实训法
（2）重点：发现、判断睡眠过程中婴幼儿的行为异常</td><td rowspan="5">3</td></tr>
<tr><td>2）打鼾的原因及处理</td></tr>
<tr><td>3）磨牙的原因及处理</td></tr>
<tr><td>4）玩弄生殖器的原因及处理</td></tr>
<tr><td>5）夜惊或梦游的原因及处理</td></tr>
</table>

续表

<table>
<tr><th colspan="4">2.1.4 三级 / 高级职业技能培训要求</th><th colspan="4">2.2.4 三级 / 高级职业技能培训课程规范</th></tr>
<tr><th>职业功能模块（模块）</th><th>培训内容（课程）</th><th>技能目标</th><th>培训细目</th><th>学习单元</th><th>课程内容</th><th>培训建议</th><th>课堂学时</th></tr>
<tr><td rowspan="5">2. 生活管理与教育</td><td rowspan="5">2-3 睡眠观察</td><td rowspan="3">2-3-1 能发现睡眠过程中的婴幼儿身体和行为异常，做出判断并能及时妥善处理</td><td rowspan="3">（1）发现、判断及处理睡眠过程中婴幼儿的身体异常
（2）发现、判断及处理睡眠过程中婴幼儿的行为异常</td><td rowspan="3">（2）发现、判断及处理睡眠过程中婴幼儿的行为异常</td><td>6）梦魇的原因及处理</td><td rowspan="3">（3）难点：处理睡眠过程中婴幼儿的行为异常</td><td rowspan="3"></td></tr>
<tr><td>7）吮吸手指的原因及处理</td></tr>
<tr><td>8）玩玩具或被褥的原因及处理</td></tr>
<tr><td rowspan="2">2-3-2 能运用观察、记录的方式引导婴幼儿养成良好的睡眠习惯</td><td rowspan="2">（1）观察婴幼儿睡眠
（2）撰写睡眠观察记录
（3）运用观察、记录的方式引导婴幼儿养成良好的睡眠习惯</td><td rowspan="2">（3）睡眠观察记录及其运用</td><td>1）睡眠观察记录的内容</td><td rowspan="2">（1）方法：讲授法、案例教学法、讨论法、实训法
（2）重点与难点：运用观察记录引导婴幼儿养成良好的睡眠习惯</td><td rowspan="2">1</td></tr>
<tr><td>2）运用观察记录引导婴幼儿养成良好的睡眠习惯</td></tr>
<tr><td rowspan="8">3. 健康管理与教育</td><td rowspan="8">3-1 预防伤害</td><td rowspan="8">3-1-1 能排查、发现安全隐患并及时排除或上报</td><td rowspan="8">（1）排查、发现活动场地、设施设备、大型体育器械、活动材料等常见的安全隐患
（2）排查、发现一日活动过程中的常见安全隐患
（3）发现安全隐患并及时排除或上报</td><td rowspan="8">（1）安全隐患的排查、发现及消除</td><td>1）活动场地常见的安全隐患及消除</td><td rowspan="8">（1）方法：讲授法、案例教学法、实训法
（2）重点：排查、发现各类活动场地、材料、器械、设施及活动过程中的安全隐患
（3）难点：及时排除安全隐患</td><td rowspan="8">3</td></tr>
<tr><td>2）设备设施常见的安全隐患及消除</td></tr>
<tr><td>3）大型体育器械常见的安全隐患及消除</td></tr>
<tr><td>4）活动材料常见的安全隐患及消除</td></tr>
<tr><td>5）饮水、进餐中常见的安全隐患及消除</td></tr>
<tr><td>6）睡眠中常见的安全隐患及消除</td></tr>
<tr><td>7）活动和如厕中常见的安全隐患及消除</td></tr>
<tr><td>8）婴幼儿生活环境中的安全隐患甄别</td></tr>
</table>

续表

2.1.4 三级 / 高级职业技能培训要求				2.2.4 三级 / 高级职业技能培训课程规范			
职业功能模块（模块）	培训内容（课程）	技能目标	培训细目	学习单元	课程内容	培训建议	课堂学时
3．健康管理与教育	3-1 预防伤害	3-1-2 能对婴幼儿意外伤害事故及时处理	婴幼儿常见意外伤害事故处理	（2）婴幼儿常见意外伤害事故处理	1）婴幼儿意外伤害的程度及处理原则	（1）方法：讲授法、案例教学法、实训法、观摩法 （2）重点与难点：及时处理婴幼儿常见意外伤害事故	4
					2）常见小外伤的处理		
					3）脱臼的处理		
					4）摔伤、扭伤及骨折的处理		
					5）异物入体的处理		
					6）食物中毒的处理		
					7）烧、烫伤的处理		
					8）溺水的处理		
					9）触电的处理		
					10）中暑的处理		
	3-2 健康观察	3-2-1 能对托幼机构晨、午、晚检以及传染病预防提出建议和方案	（1）对托幼机构晨检提出建议和方案 （2）对托幼机构午检提出建议和方案 （3）对托幼机构晚检提出建议和方案 （4）对托幼机构传染病预防提出建议和方案	（1）对健康观察提出建议和方案	1）健康观察流程及处理规范	（1）方法：讲授法、案例教学法 （2）重点与难点：对晨、午、晚检和传染病预防提出建议和方案	1
					2）对晨、午、晚检以及传染病预防提出建议和方案		
		3-2-2 能对常见病患儿进行初步处理	（1）对常见病患儿的身体处理 （2）对常见病患儿的心理疏导	（2）对常见病患儿的身体处理和心理疏导	1）发热的基本处理方法	（1）方法：讲授法、案例教学法、角色扮演法 （2）重点：对常见病患儿的身体处理	3
					2）呕吐的基本处理方法		
					3）腹泻的基本处理方法		
					4）咳嗽的基本处理方法		

续表

2.1.4　三级/高级职业技能培训要求				2.2.4　三级/高级职业技能培训课程规范			
职业功能模块（模块）	培训内容（课程）	技能目标	培训细目	学习单元	课程内容	培训建议	课堂学时
3．健康管理与教育	3-2　健康观察	3-2-2　能对常见病患儿进行初步处理	（1）对常见见病患儿的身体处理 （2）对常见病患儿的心理疏导	（2）对常见病患儿的身体处理和心理疏导	5）流鼻涕的基本处理方法	（3）难点：对常见病患儿的心理疏导	
					6）对患儿的心理疏导		
	3-3　健康指导	3-3-1　能依据婴幼儿定期体检的结果进行健康指导	（1）对婴幼儿体检结果的分析与评价 （2）依据婴幼儿定期体检的结果进行健康指导	（1）婴幼儿定期体检结果的分析、评价及在健康指导中的运用	1）婴幼儿体检结果的分析与评价	（1）方法：讲授法、案例教学法、讨论法 （2）重点：对婴幼儿进行健康指导 （3）难点：婴幼儿体检结果分析与评价	2
					2）对体弱儿的健康指导		
					3）对肥胖儿的健康指导		
		3-3-2　能在体弱儿健康管理中做好对家长的指导	对体弱儿家长的健康管理指导	（2）对体弱儿家长的健康管理指导	1）对体弱儿家长的健康管理指导	（1）方法：讲授法、案例教学法、角色扮演法 （2）重点与难点：对体弱儿家长的健康管理指导	1
					2）对体弱儿家长的健康管理指导实例		
		3-3-3　能对婴幼儿视力、听力、牙齿等问题进行登记并配合矫治	（1）婴幼儿视力、听力、牙齿的保健 （2）发现婴幼儿的视力、听力、牙齿等问题 （3）配合矫治婴幼儿的视力、听力、牙齿等问题	（3）婴幼儿视力、听力、牙齿的保健、问题登记及配合矫治	1）视力保健知识	（1）方法：讲授法、案例教学法、实训法 （2）重点与难点：配合矫治婴幼儿的视力、听力、牙齿等问题	2
					2）听力保健知识		
					3）牙齿保健知识		
					4）视力、听力、牙齿等问题的登记		
					5）配合矫治婴幼儿的视力、听力、牙齿等问题		
	3-4　行为干预	3-4-1　能对发育行为异常的婴幼儿进行初步干预	对发育行为异常婴幼儿的初步干预	（1）对发育行为异常婴幼儿的初步干预	1）对发育行为异常的婴幼儿初步干预的方法	（1）方法：讲授法、案例教学法、项目教学法 （2）重点与难点：对发育行为异常的婴幼儿初步干预的方法	1
					2）对发育行为异常的婴幼儿初步干预实例		

续表

2.1.4 三级/高级职业技能培训要求				2.2.4 三级/高级职业技能培训课程规范			
职业功能模块（模块）	培训内容（课程）	技能目标	培训细目	学习单元	课程内容	培训建议	课堂学时
3．健康管理与教育	3-4 行为干预	3-4-2 能对心理行为异常的婴幼儿进行干预并做好家长沟通工作	（1）对心理行为异常婴幼儿的干预 （2）与心理行为异常婴幼儿的家长沟通	（2）对心理行为异常婴幼儿的干预及家长沟通	1）对心理行为异常婴幼儿干预的基本方法 2）对心理行为异常的婴幼儿进行干预实例 3）与心理行为异常的婴幼儿家长进行沟通实例	（1）方法：讲授法、案例教学法、项目教学法 （2）重点与难点：对心理行为异常婴幼儿干预的基本方法	2
		3-4-3 能在保育过程中积极引导、帮助幼儿增强自信	（1）在保育过程中积极、正面引导幼儿 （2）在保育过程中帮助幼儿增强自信	（3）在保育过程中积极、正面引导并帮助幼儿增强自信	1）幼儿自我意识的发展及合理对待 2）正面教育的方法 3）帮助幼儿增强自信的方法	（1）方法：讲授法、案例教学法、情景表演法 （2）重点与难点：正面教育的方法	2
4．辅助教育活动与家长工作	4-1 辅助室内教育活动	4-1-1 能主动了解教师的教育计划，并配合教育活动	（1）主动了解教师的教育计划 （2）配合教师进行室内教育活动	（1）了解教师的教育计划	1）教育计划的内容及形式 2）教育计划范例 3）保教结合的原则在教育活动中的贯彻	（1）方法：讲授法、案例教学法、实训法 （2）重点与难点：保教结合的原则在教育活动中的贯彻	2
				（2）配合教师进行室内教育活动	1）室内教育活动的教学方法 2）配合教师组织室内教学活动 3）配合教师组织室内区角活动	（1）方法：讲授法、案例教学法、实训法 （2）重点与难点：配合教师进行各领域内的室内教育活动	2
		4-1-2 能用科学的观念辅助教师开展婴幼儿游戏和教育活动	（1）辅助组织婴幼儿的游戏和教育活动 （2）尊重婴幼儿的发展规律进行教育教学	（3）辅助教师组织游戏和教育活动	1）室内教育活动的形式与内容 2）常见游戏活动的一般指导方法 3）辅助教师组织婴幼儿角色游戏	（1）方法：讲授法、案例教学法、实训法、角色扮演法	2

续表

2.1.4　三级 / 高级职业技能培训要求				2.2.4　三级 / 高级职业技能培训课程规范			
职业功能模块（模块）	培训内容（课程）	技能目标	培训细目	学习单元	课程内容	培训建议	课堂学时
4．辅助教育活动与家长工作	4–1　辅助室内教育活动	4–1–2　能用科学的观念辅助教师开展婴幼儿游戏和教育活动	（1）辅助组织婴幼儿的游戏和教育活动 （2）尊重婴幼儿的发展规律进行教育教学	（3）辅助教师组织游戏和教育活动	4）辅助教师组织婴幼儿结构游戏	（2）重点与难点：辅助教师组织婴幼儿的不同游戏活动	
					5）辅助教师组织婴幼儿表演游戏		
					6）辅助教师组织婴幼儿智力游戏		
				（4）婴幼儿发展规律在教育教学中的应用	1）婴幼儿感知觉发展规律在教育教学中的应用	（1）方法：讲授法、案例教学法、讨论法 （2）重点与难点：婴幼儿发展规律在教育教学中的应用	2
					2）婴幼儿注意力的发展规律在教育教学中的应用		
					3）婴幼儿记忆的发展规律在教育教学中的应用		
					4）婴幼儿思维的发展规律在教育教学中的应用		
					5）婴幼儿想象力的发展规律在教育教学中的应用		
		4–1–3　能根据教育目标及内容，协助教师进行玩具、教具制作	（1）了解教育目标及内容 （2）协助教师进行玩具制作 （3）协助教师进行教具制作	（5）协助教师进行玩具、教具制作	1）玩具、教具对婴幼儿发展的意义	（1）方法：讲授法、实训法、实物示教法	4
					2）制作玩具、教具的原则		
					3）纸质玩具、教具的制作		
					4）泥塑玩具、教具的制作		
					5）利用废旧物品制作玩具、教具		

续表

2.1.4 三级 / 高级职业技能培训要求				2.2.4 三级 / 高级职业技能培训课程规范			
职业功能模块（模块）	培训内容（课程）	技能目标	培训细目	学习单元	课程内容	培训建议	课堂学时
4．辅助教育活动与家长工作	4-1 辅助室内教育活动	4-1-3 能根据教育目标及内容，协助教师进行玩具、教具制作	（1）了解教育目标及内容 （2）协助教师进行玩具制作 （3）协助教师进行教具制作	（5）协助教师进行玩具、教具制作	6）纸质玩具、教具制作：小风车 7）泥塑玩具、教具制作：橡皮泥玩具 8）利用废旧物品制作玩具、教具：蛋壳不倒翁 9）利用废旧物品制作玩具、教具：塑料瓶小铲子 10）协助教师进行玩具、教具制作过程中的工作及注意事项	（2）重点与难点：制作玩具、教具的原则及各种玩具、教具的制作	
	4-2 辅助室外教育活动	4-2-1 能参与组织婴幼儿室外教育活动	（1）了解婴幼儿的体质 （2）参与组织婴幼儿室外教育活动	（1）参与组织婴幼儿室外教育活动	1）婴幼儿体质测定及基本动作要领 2）参与组织婴幼儿进行室外体育活动 3）参与组织婴幼儿进行室外大区域活动	（1）方法：讲授法、案例教学法、实训法 （2）重点与难点：参与组织各类室外教育活动	2
		4-2-2 能关注婴幼儿的个体差异，并进行针对性的指导	（1）了解婴幼儿的个体差异 （2）对不同婴幼儿进行针对性的指导	（2）根据婴幼儿个体差异进行室外教育活动指导	1）婴幼儿肢体动作发展的一般规律 2）婴幼儿室外活动的安全防护知识 3）针对婴幼儿个体差异进行指导	（1）方法：讲授法、案例教学法、实训法、讨论法 （2）重点与难点：针对婴幼儿个体差异进行指导	2

续表

2.1.4　三级 / 高级职业技能培训要求				2.2.4　三级 / 高级职业技能培训课程规范			
职业功能模块（模块）	培训内容（课程）	技能目标	培训细目	学习单元	课程内容	培训建议	课堂学时
4．辅助教育活动与家长工作	4-3　家长工作指导	4-3-1　能为家长提供科学保育咨询与家庭指导	（1）为家长提供婴幼儿饮食咨询与家庭指导 （2）为家长提供婴幼儿身体锻炼咨询与家庭指导 （3）为家长提供婴幼儿秋冬季保健咨询与家庭指导 （4）为家长提供婴幼儿早期发展咨询与家庭指导	（1）为家长提供婴幼儿科学保育的咨询与家庭指导	1）为家长提供科学保育咨询与家庭指导的原则	（1）方法：讲授法、案例教学法、实训法、情景表演法 （2）重点与难点：为家长提供婴幼儿饮食、身体锻炼、秋冬季保健等科学保育的咨询与家庭指导	2
					2）为家长提供婴幼儿饮食咨询与家庭指导		
					3）为家长提供婴幼儿身体锻炼的咨询与家庭指导		
					4）为家长提供婴幼儿秋季保健的咨询与家庭指导		
					5）为家长提供婴幼儿冬季保健的咨询与家庭指导		
					6）为家长提供婴幼儿秋冬季保健咨询与家庭指导实例		
				（2）为家长提供婴幼儿早期发展的咨询与家庭指导	1）婴幼儿早期发展分析	（1）方法：讲授法、案例教学法、实训法、情景表演法 （2）重点与难点：婴幼儿早期发展家庭指导	1
					2）婴幼儿早期发展家庭指导		
		4-3-2　能撰写并运用婴幼儿个案跟踪记录开展家长工作	（1）撰写婴幼儿个案跟踪记录 （2）运用婴幼儿个案跟踪记录开展家长工作	（3）运用个案跟踪记录开展家长工作	1）个案跟踪记录的要素及撰写要求	（1）方法：讲授法、案例教学法、角色扮演法 （2）重点与难点：运用个案跟踪记录开展家长工作	1
					2）运用个案跟踪记录开展家长工作实例		

续表

2.1.4 三级 / 高级职业技能培训要求				2.2.4 三级 / 高级职业技能培训课程规范			
职业功能模块（模块）	培训内容（课程）	技能目标	培训细目	学习单元	课程内容	培训建议	课堂学时
5．培训与指导	5-1 技能培训	5-1-1 能对五级 / 初级工、四级 / 中级工进行室内外清洁、日常消毒等操作技能培训	(1) 室内、外清洁的操作技能培训 (2) 日常消毒的操作技能培训	(1) 培训的设计和组织	1）培训的目的和类型 2）培训的内容 3）培训的流程 4）培训计划的编制 5）培训的方法 6）课程设计和组织	(1) 方法：讲授法、讨论法、观摩法 (2) 重点与难点：课程设计和组织	2
				(2) 室内、外清洁和日常消毒的技能培训	1）室内、外清洁技能培训实例 2）日常消毒技能培训实例	(1) 方法：讲授法、案例教学法、实训法 (2) 重点与难点：室内、外清洁和日常消毒技能培训	1
		5-1-2 能对五级 / 初级工、四级 / 中级工进行健康观察、健康指导、心理健康教育、意外伤害处理等技能操作培训	(1) 健康观察的操作技能培训 (2) 健康指导的操作技能培训 (3) 心理健康教育的操作技能培训 (4) 意外伤害处理的操作技能培训	(3) 健康观察、健康指导、心理健康教育、意外伤害处理等技能培训	1）健康观察技能培训实例 2）健康指导技能培训实例 3）心理健康教育技能培训实例 4）意外伤害处理技能培训实例	(1) 方法：讲授法、案例教学法、实训法 (2) 重点与难点：健康观察、健康指导、心理健康教育、意外伤害处理等技能培训	2
		5-1-3 能对五级 / 初级工、四级 / 中级工进行辅助室内外教育活动、家长工作指导等配合教育的技能培训	(1) 辅助室内教育活动的技能培训 (2) 辅助室外教育活动的技能培训 (3) 家长工作指导的技能培训	(4) 辅助室内外教育活动、家长工作指导等配合教育的技能培训	1）辅助室内教育活动的技能培训实例 2）辅助室外教育活动的技能培训实例 3）家长工作指导的技能培训实例	(1) 方法：讲授法、案例教学法、实训法 (2) 重点与难点：辅助室内外教育活动、家长工作指导等配合教育的技能培训	1

续表

2.1.4 三级 / 高级职业技能培训要求				2.2.4 三级 / 高级职业技能培训课程规范			
职业功能模块（模块）	培训内容（课程）	技能目标	培训细目	学习单元	课程内容	培训建议	课堂学时
5．培训与指导	5-2 工作指导	5-2-1 能根据五级 / 初级工、四级 / 中级工日常工作出现的问题进行指导	指导日常工作并辅助解决出现的各类问题	（1）指导日常工作并辅助解决出现的各类问题	1）婴幼儿保育工作常见问题 2）保育员工作经验交流、分享、指导的方法 3）日常保育工作中可能出现问题的指导	（1）方法：讲授法、案例教学法、实训法、讨论法 （2）重点与难点：日常保育工作中可能出现问题的指导	2
		5-2-2 能对五级 / 初级工、四级 / 中级工在促进婴幼儿发展工作中出现的不适宜行为进行指导	纠正在促进婴幼儿发展工作中出现的不适宜行为	（2）纠正在促进婴幼儿发展工作中出现的不适宜行为	1）保育员在促进婴幼儿发展工作中可能出现的不适宜行为 2）对在促进婴幼儿发展工作中可能出现的不适宜行为的指导	（1）方法：讲授法、案例教学法、实训法、讨论法 （2）重点与难点：对在促进婴幼儿发展工作中可能出现的不适宜行为的指导	1
		5-2-3 能对婴幼儿家长进行个性化的保育保健指导	指导婴幼儿家长进行个性化的保育保健	（3）指导婴幼儿家长进行个性化的保育保健	1）对婴幼儿家长进行个性化保育指导 2）对婴幼儿家长进行个性化保健指导	（1）方法：讲授法、案例教学法、实训法、讨论法 （2）重点与难点：对婴幼儿家长进行个性化保育保健指导	1
		5-2-4 能进行保育保健科普知识讲座	开展保育保健科普知识讲座	（4）开展保育保健科普知识讲座	1）开展保育保健科普知识讲座的流程 2）开展保育保健科普知识讲座实例	（1）方法：讲授法、案例教学法、实训法、参观法 （2）重点与难点：开展保育保健科普知识讲座	1
课堂学时合计							80